Y CWRWGL

Cyfres y Grefft:

1. **MELINAU GWLÂN**
J. Geraint Jenkins

2. **DRE-FACH FELINDRE A'R DIWYDIANT GWLÂN**
J. Geraint Jenkins

3. **CREFFTWYR LLECHI**
Alun John Richards

4. **LLWYAU TRADDODIADOL**
Gwyndaf Breese

5. **Y CWRWGL**
J Geraint Jenkins

6. **CAWS CYMRU**
Eurwen Richards

7. **CWRW CYMRU**
Lyn Ebenezer

Y Cwrwgl

J. Geraint Jenkins

Cyfieithwyd gan Elisabeth a William Lloyd Davies

Gwasg Carreg Gwalch

*Cyhoeddwyd yn gyntaf, yn rhannol, gan David & Charles Limited,
South Devon House, Newton Abbot, Devon, 1974.
Ail argraffiad gan The Golden Grove Book Company Limited,
Caerfyrddin, 1988.*

© *Testun: J. Geraint Jenkins
Argraffiad newydd: 2006*

*Cyhoeddwyd gan Wasg Carreg Gwalch yn 2006.
Cedwir pob hawl. Ni chaniateir atgynhyrchu unrhyw ran/rannau o'r cyhoedddiad hwn
heb ganiatâd ymlaen llaw gan y cyhoeddwr.*

*Cynllun clawr: Sian Parri
(Lluniau'r clawr: blaen, chwith, Canolfan Genedlaethol y Cwrwgl, Cenarth; blaen isaf:
Ronald Davies, Cenarth, cwryglwr ar afon Teifi; ar y dde: Bernard Thomas, Llechryd,
cwryglwr ar afon Teifi; clawr ôl: Pont Cenarth*

Rhif rhyngwladol: 1-82457-037-1

*Gwasg Carreg Gwalch,
12 Iard yr Orsaf, Llanrwst, Conwy, Cymru LL26 0EH
Ffôn: 01492 642031 Ffacs: 01492 641502
e-bost: llyfrau@carreg-gwalch.co.uk lle ar y we: www.carreg-gwalch.co.uk
Argraffwyd a chyhoeddwyd yng Nghymru.*

Cydnabyddiaeth (lluniau, yn `ôl rhifau'r tudalennau):

Amgueddfa Werin Cymru:
6, 7, 17, 21, 27, 30, 32, 49, 55, 56, 58, 67, 71, 73, 75, 81, 83, 87, 90, 92, 98, 105, 111

Casgliad yr awdur: 11, 13, 19, 23, 66

Gwasg Carreg Gwalch: 33-42, 44-46, 48, 129-144

Llyfr Cyntaf Hanes, J. E. Lloyd: 100

Hanes Pontarddulais, E. Lewis Evans: 118

Peter Badge, Cymdeithas y Cwrwgl: 34(A), 46(B), 47, 61, 119

P. W. Jones, Cymdeithas y Cwrwgl: 24, 43, 103, 121, 123, 124

Y Cymro: 63

Cynnwys

Cydnabyddiaeth 7
Prif afonydd y cwrwgl yng Nghymru 8
Rhagair 9
Pennod 1 Cyflwyniad 12
Pennod 2 Y Rhwyd Gwrwgl 25
Pennod 3 Cwrwgl Teifi 28
Pennod 4 Cwrwgl Tywi 62
Pennod 5 Termau cwryglwyr Teifi a Thywi 77
Pennod 6 Cwrwgl Taf 80
Pennod 7 Pysgota gyda chwrwgl ar afonydd eraill 86
    Cleddau 86
    Wysg a Gwy 89
    Dyfrdwy 94
    Dwyryd 101
    Conwy 104
    Hafren 106
Atodiad A: Cymdeithas y Cwrwgl 120
Llyfryddiaeth ddethol 124

O dan bont Cenarth

Cydnabyddiaeth

Rydym yn ddyledus i Amgueddfa Werin Cymru, Sain Ffagan am ganiatâd i ddefnyddio nifer o luniau o'u casgliad. Dymunwn hefyd gydnabod y cymorth parod, yr wybodaeth ychwanegol a'r defnydd o ddarluniau a gafwyd, drwy garedigrwydd a chydweithrediad aelodau o Gymdeithas y Cwrwgl, Peter Badge a P. W. Jones. Daw'r lluniau lliw diweddar o gasgliad Gwasg Carreg Gwalch a lluniwyd y diagramau gan Richard Jenkins a Peter Brears.

Prif afonydd y cwrwgl yng Nghymru

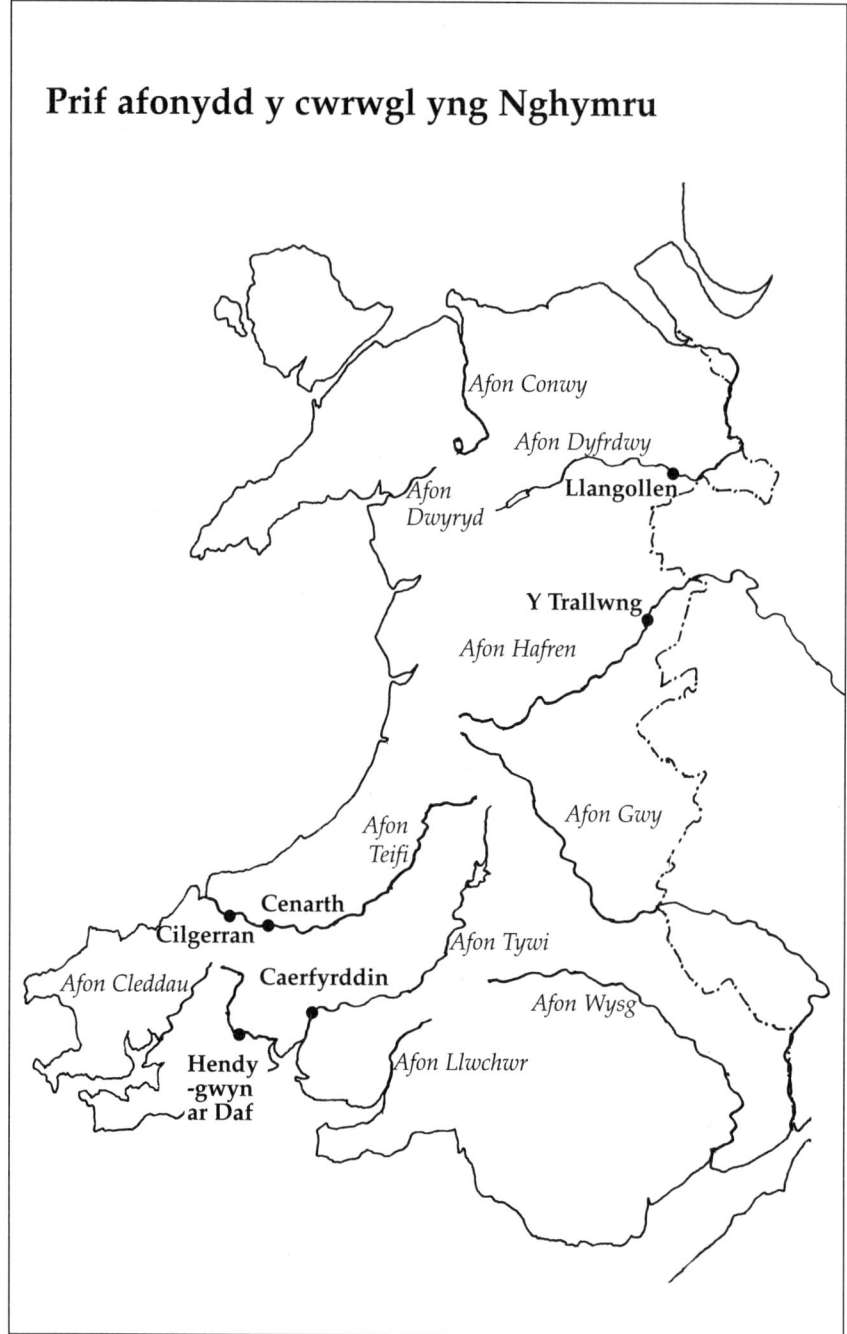

Rhagair

Pan wahoddwyd fi i ysgrifennu'r Rhagair i'r llyfr hwn, sef adolygiad o'r adran ar gwryglau yng ngwaith arloesol J. Geraint Jenkins, Nets and Coracles, yr hyn a ddaeth i'm meddwl oedd atgofion pleserus am lawer awr a dreuliais yn recordio sgyrsiau i'r awdur, a thrwy hynny i'm disgynyddion, gan drosglwyddo peth o'r wybodaeth a gefais gan fy nhad-cu yn ystod ei oes a fu'n cwmpasu naw deg wyth mlynedd. Mae Dr Jenkins a minnau wedi bod yn gyfeillion am nifer o flynyddoedd ac roeddwn yn falch o'r cyfle i gofnodi'n gywir hanes pysgota gyda chwrwgl ac, ar yr un pryd, manteisio ar y cyfle i fynegi fy ngwerthfawrogiad iddo am ei egni ar ran y diwydiant pysgota yng Nghymru. Gobeithiaf y bydd y llyfr hwn, sydd wedi'i gyhoeddi yn llawer mwy eglur yn ei ffurf newydd, yn dod â'r pysgotwr genwair, y rhwydwr a'r cyhoedd i ddeall ei gilydd yn well.

Mae rhyw ddirgelwch wedi bod ynglŷn â physgota gyda chwrwgl erioed – yn fwriadol wrth gwrs, oherwydd yn y dyddiau pan oedd yn brif ffynhonnell incwm, bwyd a goroesi, byddai y cwryglwyr yn cadw eu cyfrinachau o fewn y teulu agosaf yn unig ac yn gofalu peidio datgelu maint eu dalfa i neb na'r lle y'i daliwyd, yn arbennig i gwryglwyr eraill. Mae'n para hyd heddiw, er nad yw'n unigryw i gwryglwyr Caerfyrddin.

Y gwahaniaeth mawr yn awr yw nad ydym bellach yn pysgota er mwyn bywoliaeth, er ei fod o hyd yn 'ffordd o fyw i ni', rhywbeth sy'n anodd i bobl o'r tu allan ei ddeall. Y rheswm, mae'n debyg, pam fod crefft a sgil a recordiwyd yn yr unfed ganrif ar ddeg a chynt, wedi goroesi i'r unfed ganrif ar hugain, yw ei fod yn cynrychioli ffordd o fyw hollbwysig sydd heb weld newidiadau gweladwy ar wahân i'r deunyddiau sy'n cael eu cynhyrchu. Mae siap a chynllun y cwrwgl a'r rhwyd fel ei gilydd yn unigryw i'r afon lle defnyddir hwy. Gynt, defnyddiwyd cwryglau ar y rhan fwyaf o afonydd, hyd yn oed yn yr Alban ar afon Spey, ac yn Iwerddon ar afon Boyne. Yng Nghymru, cofnodir yn fynych y defnydd helaeth o gwryglau ar afonydd Dyfrdwy, Gwy ac Wysg. Nid oes amheuaeth yn fy meddwl pe na bai Julius Caesar wedi gweld bad wedi'i orchuddio gan groen tebyg i gwrwgl pan oedd yn bwrw golwg dros arfordir de-orllewin Prydain, gan ddylanwadu ar ei gynlluniau i ymosod, buasai hanes wedi bod yn gwbl wahanol.

Un o'r mythau mwyaf ynglŷn â'r cwrwgl yw fod y rhwyd yn ymestyn o un ochr yr afon i'r llall ac o'r wyneb i'r gwaelod. Nid yw hyn yn wir. Mewn gwirionedd, dim ond 40 troedfedd o led a 36 modfedd o ddyfnder yw rhwyd cwrwgl afon Tywi. Mae'r dimensiwn o ben i ben yn cael ei leihau o draean oherwydd y bwa a ffurfir wrth lusgo rhwyd. Gyda llaw, pysgota gyda chwrwgl yw'r ffurf hynaf ar lusgo rhwyd ac mae'r rhan fwyaf o'r llusgo rhwyd masnachol wedi efelychu technegau sy'n cael eu defnyddio gan bysgotwyr afon.

Ni ellir dal ond un pysgodyn ar y tro, yn enwedig eog a brithyll y môr (sewin), oherwydd fod y rhwyd yn rhy fach a mân i ddal pysgod mawr am amser hir, ac nid oes lle yn y cwrwgl i drafod dau bysgodyn 10 pwys neu fwy yn ddiogel. Nid ydym yn glanhau'r afon o'i physgod bob tro y byddwn yn llusgo rhwyd. Mae'r syniad hwn nid yn unig yn afresymol ond yn amhosibl. Mae'n dulliau ni wedi gwrthsefyll amser; rydym wedi ein magu i bysgota'r afon gan roi sylw arbennig i gadwraeth. Fel arall, byddai afon Tywi ac afonydd Cymru sy'n cynnwys pysgod mudol, wedi'u gwacau o eog a sewin ddau can mlynedd yn ôl.

Heb orfanylu, y sgil mwyaf angenrheidiol i fod yn bysgotwr cwrwgl llwyddiannus yw darllen patrwm y llanw yn gywir, uchder y dŵr a'i gyflymdra a'r gallu i amcangyfrif sawl darn o blwm o wahanol bwysau a maint sy'n angenrheidiol i gadw'r rhwyd ar wely'r afon, gan gymryd i ystyriaeth yr holl wybodaeth berthnasol fel cyflymder y gwynt a chyflwr yr afon cyn y llanw. Mae hyn yn cynnwys hanfodion megis os oes llif yn yr afon neu beidio. Mae'n swnio'n gymhleth – ond rydych yn fwy tebygol o ddal pysgodyn mewn pwll nofio cyhoeddus os na chewch hyn yn gywir!

Mae'r pwyntiau manwl hyn yn cynrychioli rhai o'r cyfrinachau a drosglwyddwyd o dad i fab ar hyd y canrifoedd. Gyda'r rhain, datblygodd ein hiaith – a'n termau arbennig, ein côd ymarfer a'n côd cyfreithiol, sy'n ychwanegol i'r deddfau a'r amodau lleol sy'n rheoli pysgota gyda rhwyd, fel sy'n cael eu cynnwys a'u pennu gan Asiantaeth yr Amgylchedd.

Mae'n cymryd blynyddoedd lawer o brentisiaeth ddyfal i ddysgu holl sgiliau'r gwneuthurwr cwryglau a'r gwneuthurwr rhwydi. Mae'r dysgu amyneddgar nid yn unig yn wyddoniaeth ond hefyd yn gelfyddyd sy'n rhoi boddhad amhrisiadwy, ac awgrymaf fod hyn yn rheswm arall pam fod y grefft hynafol hon wedi goroesi. Elfennau eraill hwyrach yw ansicrwydd y canlyniad ar ddiwedd y dydd a'r sialens bob tymor newydd. Mae'r rhain bob amser wedi fy swyno.

Pan ddaeth neilon monoffilament ar y farchnad gyntaf, cymerodd ddeng mlynedd i mi ddatblygu rhwyd a allai gystadlu gyda'r hen rwydi lliain a chywarch. Yn y diwedd roeddwn yn llwyddiannus, ac mae fy nghynllun yn cael ei ddefnyddio'n gyffredinol heddiw. Rhoddodd nwy Môr y Gogledd ddiwedd ar y gweithfeydd nwy lleol, ac mae ein ffynhonnell barod o ddeunydd dal dŵr, pŷg a thar, wedi diflannu gyda'r gwynt. Mae'r melinau llifio lleol erbyn hyn yn gwmnïau cenedlaethol heb

Raymond Rees, cwryglwr ar afon Tywi, 1973

adnoddau i dorri coed a dyfwyd yn lleol, ac felly mae'n anodd iawn trefnu i onnen a dorrwyd gennych gael ei llifio yn lats i wneud y fframwaith i gwrwgl pren. Yn ychwanegol at hyn ystyriwch adeiladwaith Argae Llyn Brianne yn y blaenddwr, a'r canlyniad fod lefelau llifogydd yn hanner yr hyn oeddynt ar ddechrau'r 1970au. Newid arall a welwyd oedd ymddangosiad y cwrwgl gwydr ffibr, cwch nad yw'n pydru – ond cwch gwael i deithio ynddo. Mae technoleg wedi diweddaru hyd yn oed y cwrwgl. Ond i mi ni fydd dim yn cymryd lle'r cwch pren a chynfas a'r rhaffau cynffon buwch (ond stori arall yw honno).

Raymond Rees
Un o gwryglwyr afon Tywi, Caerfyrddin

Pennod 1
Cyflwyniad

Mae'r defnydd o'r cwrwgl fel cwch pysgota ar afonydd Cymru wedi lleihau yn gyflym iawn yn y blynyddoedd diwethaf, fel bod pysgota gyda chwrwgl heddiw wedi'i gyfyngu i dair afon yn y gorllewin sef afonydd Teifi, Tywi a Thaf. Hyd yn oed ar yr afonydd hyn bu lleihad sylweddol mewn pysgota gyda chwrwgl. Er enghraifft, ar afon Teifi, mae pentref hardd Cenarth wedi cael ei ystyried ers amser fel cartref pysgota gyda chwrwgl, ond yn 1972 nid oedd un pysgotwr gyda chwrwgl yn gweithio o'r pentref hwnnw, oherwydd dyna'r flwyddyn pan oedd y cwryglwr diwethaf â thrwydded ganddo yn anabl i weithio. Yn 1807 roedd cymaint o gwryglwyr yng Nghenarth fel yr ysgrifennodd sylwebydd cyfoes: 'There (is) scarcely a cottage in the neighbourhood without its coracle hanging by the door'.

Mae'r cwrwgl, sy'n gwch pysgota, heb gilbren, ac ar siap bowlen, yn adnabyddus ers canrifoedd yng Nghymru a gellir ei ystyried fel disgynnydd uniongyrchol i'r cychod bach wedi'u gorchuddio â chrwyn a ddisgrifiwyd gan Cesar, Pliny a'r ysgrifenwyr Rhufeinig eraill. Mae'n ymddangos, felly, fod y llongau a ddisgrifiwyd gan yr ysgrifenwyr Rhufeinig ynghyd â'r rhai a grybwyllwyd yn y Mabinogion fel cychod mordeithiol gyda chilbren, yn debyg i'r *curraghs* yn Iwerddon yn hytrach nag i gwryglau pysgota heb gilbren afonydd Cymru, sydd wedi'u cynllunio yn benodol i weithredu mewn nentydd sy'n llifo'n gyflym.

Mae'n amlwg fod cwryglau pysgota yn cael eu defnyddio yn ogystal â'r math o gwch curragh wedi'i orchuddio â chroen oedd yn cael ei ddefnyddio yn yr Oesoedd Tywyll a'r Oesoedd Canol. Ychydig a wyddom am eu cynllun, ond yng ngherdd y Gododdin gan Aneirin, sy'n cael ei dyddio i'r seithfed ganrif, mae un llinell yn dweud 'ef lledi bysc yng corwc' ('lladdai ef bysgodyn yn ei gwrwgl'), tra bod gwerth cwrwgl yn wyth ceiniog yn y Cyfreithiau Cymreig canoloesol ('corwc wyth keinhawc kyfreith'). Mae'r disgrifiad clir cyntaf o'r gwir gwrwgl afon i'w ganfod yng ngwaith Gerallt Gymro a deithiodd trwy Gymru yn 1188. Dywed, 'I bysgota neu groesi afonydd maent yn defnyddio cychod wedi'u gwneud o goed helyg, heb fod yn hirgul nac yn bigog ar y naill ochr na'r llall, ond bron yn grwn neu yn hytrach ar ffurf triongl, wedi'i orchuddio o'r tu allan ond nid o'r tu fewn gan grwyn. Pan fydd eog sy'n cael ei daflu i un o'r cychod hyn, yn taro'n filain gyda'i gynffon, mae'n aml yn ei droi trosodd ac yn peryglu nid yn unig y cychwr ond y cwch hefyd. Mewn ffordd drwsgwl, wrth fynd neu ddychwelyd o'r afon bydd

Cario cwrwgl o afon Tywi, 1971

y pysgotwyr yn cario'r cychod hyn ar eu hysgwyddau.' Yn anffodus nid yw Gerallt yn nodi ym mha le y gwelodd gwryglau. Yng Nghenarth mae'n rhoi llawer o fanylion sy'n disgrifio llam yr eog a'r cored pysgota eog yng Nghilgerran ac mae hyd yn oed yn disgrifio'r afanc oedd yn byw yn ymyl yr afon yn y cyfnod, ond nid yw'n crybwyll cwryglau o gwbl. Mae George Owen ar ddechrau'r ail ganrif ar bymtheg yn rhoi llawer o fanylion am goredau pysgod yng Nghilgerran a rhwydau llusg yn y foryd ond nid yw'n sôn yn unman am bysgota gyda chwrwgl, er ei fod yn disgrifio'r afon yng Nghenarth mewn cryn fanylder. Erbyn diwedd y ddeunawfed ganrif roedd cwryglau yn gyffredin iawn yng Nghenarth ac mae tyst i'r Comisiwn Brenhinol yn 1863 yn cryfhau'r farn nad oedd cwryglau ar gael ar afon Teifi tan ddiwedd y ddeunawfed ganrif. Dywed y tyst fod y cwryglau 'have increased since I have known Cenarth, which is the principal coracle station... Coracle fishing has not been introduced on the Teifi from what I can gather above 60 years or something of that sort.' Mae diffyg tystiolaeth ynglŷn â'r defnydd o gwryglau i bysgota yn afonydd de-orllewin Cymru cyn ail hanner y ddeunawfed ganrif yn gryn syndod. Ond yng ngogledd Cymru, yn enwedig ar afon Dyfrdwy, roedd pysgota gyda chwrwgl heb amheuaeth yn gyffredin yn y canrifoedd cyn hynny. Mae cywyddau canoloesol yn dangos rhyw gymaint o gynllun y cwryglau yng ngogledd-ddwyrain Cymru. Crybwyllir hwy yn MSS64 a 12 Caerdydd. Mae'r gerdd gyntaf gan Ifan Fychan ab Ifan ab Adda yn gofyn am gwrwgl oddi wrth Siôn Euton. Mae'r ail yn ateb oddi wrth Maredudd ap Rhys a ffynnai rhwng 1430 a 1450, ar ran Siôn Euton. Mae'r trydydd cywydd yn cynnwys ychydig o wybodaeth berthnasol am gynllun cwryglau yng ngogledd-ddwyrain Cymru.

Cywydd 1

Am gwrwgl i ymguriaw
Am y pysg drud cyn y Pasg draw
Craig lleder, croyw air Lladin
Codrwyn du, caeadrwym din
Cod groenddu da, ceidw grinddellt
Y gerwyn deg o groen du
Bwcled sad, ble cela' son
Bas ydyw o bais eidion
Padell ar ddwr ni'm pydra
O groen cu eidion du da

Cywydd 2

Bola croen ar waith bual crwn
Bwlch byrflew tondew tindwn

Nofiwr o groen anifail
Noe serchog foliog o fail
Llestr rhwth fal crwth fola croen
Coflaid o ledryn cyflo
Myn Pedr, mae yn y lledryn
Rywiogaeth wyll a dwyll dyn
A elai'r cwrwgl dulwyd
I'r llyn a'r pysgotwr llwyd?
Er dim ni ddeuai o'r dwr
Heb ysgwyd i'w bysgodwr
O'ch Fair, pan na chai efo
Long o groen newydd flingo?
Groen buwch ar waith gweren bert

Un o fanteision mawr y cwrwgl ar fathau eraill o gychod pysgota yw ei fod yn hawdd ei drin a'r ffaith ei fod yn tynnu 3 neu 4 modfedd o ddŵr yn unig. Mewn afonydd bas neu greigiog mae'n arbennig o ddefnyddiol, nid yn unig i rwydo ond hefyd i bysgota gyda genwair. Yn Sir Fynwy yn y ddeunawfed ganrif, er enghraifft, dywedir bod pysgotwyr yn defnyddio 'a thing called Thorrocle or Truckle' wrth bysgota gyda phluen am benllwydion. Ar afon Dyfrdwy, ystyrid y cwrwgl yn hanfodol 'on the rough, rocky middle reaches... when, owing to the force of the current and deep hidden ledges and clefts in the rocky bottom, wading is impossible in many places, and no other type of craft, not even a birch bark could possibly be used... A single coracle weighs some 30 lbs and a double one some 10 lbs heavier. In one of these it is possible to shoot rapids and dodge in between out-jetting ledges in the fastest and wildest stream, holding on by gaff or paddle to some outcropping ledge or rock, and one can turn oneself in perfect safety with a rush of wild white water on each side. By using a coracle one can therefore fish places that could never be reached either by wading or throwing the longest line from the bank.' Nid yw hyn yn ymarfer i'w gymeradwyo!

Wrth gwrs mae'r cwrwgl wedi cael ei ddefnyddio yn bennaf i rwydo erioed ac roedd y ffaith ei fod yn hawdd ei drin ac yn ysgafn yn ystyriaethau pwysig yn ei barhad. Fel arfer roedd rhaid i'r pysgotwr cwrwgl gario'r cwrwgl ar ei gefn am bellter sylweddol, gan fod pysgota yn digwydd trwy fynd gyda llif yr afon. Meddai adroddiad 1861, 'It happened frequently that several hundreds of men would go out very early in the morning with coracles on their backs, pass over the mountain and come some distance down the river, taking all they could catch with very fine nets.' Wrth ddisgrifio pa mor ysgafn oedd cwryglau Sir Fynwy, mae Hawkins yn dweud fod y cwrwgl mor ysgafn fel bod 'the countrymen will hang it on their heads like a hood, and so travel with a small paddle which serves for a stick till they come to a river, and then they launch it and step in; there is great difficulty in getting into one of those Truckles, for the instant you touch it with your foot it flies from you and when you are in, the least inclination of the body oversets it.'

Pan ddefnyddid crwyn anifeiliaid i orchuddio fframwaith bren y cwrwgl, roedd y cwch heb unrhyw amheuaeth yn llawer trymach na'r rhai mwy diweddar y defnyddid gwlanen neu gynfas fel gorchudd iddynt. Yn ôl pob tebyg yn y cyfnod pan orchuddid y cwrwgl a chroen anifail y lluniwyd yr hen ddihareb – "Llwyth gŵr ei gwrwgl". Heddiw anaml y bydd cwrwgl yn ne Cymru yn pwyso cymaint â 30 pwys, llwyth bychan i'w gario yn sicr. Byddai cwrwgl wedi'i orchuddio gan groen yn pwyso bron i ddwywaith y pwysau hyn ac yn fwy addas i'r ddihareb.

Hyd at o leiaf ddechrau'r ail ganrif ar bymtheg, roedd fframwaith bren, rwyllog y cwrwgl wedi'i orchuddio gan groen ceffyl neu ychen, ac arwynebedd un croen yn pennu maint cwrwgl un dyn. Mewn rhai mannau yng Nghymru, yn enwedig yn ne-orllewin Cymru, roedd gwlanen wedi cymryd lle crwyn anifeiliaid fel gorchudd erbyn diwedd y ddeunawfed ganrif ac yn parhau i gael ei ddefnyddio hyd at ganol y bedwaredd ganrif ar bymtheg.

Awgrymwyd ei bod yn rhatach defnyddio canfas yn lle gwlanen, ond hyd yn oed wedyn, yn ôl Donovan, 'flannel was of a more durable substance, (it) may be easier prepared and keeps out the water much longer than canvas'. Yn Llyfr Festri Llanegwad ar y 7fed o Fedi, 1798, gwelir y cofnod canlynol: 'bod John Harry, goruchwyliwr yn prynu gwlanen a phethau eraill angenrheidiol i wneud cwrwgl i John Lot'. Er hynny yn ystod degawd cyntaf y bedwaredd ganrif ar bymtheg, roedd cwryglau wedi'u gorchuddio â chrwyn i'w gweld o hyd, ond roeddent yn brin oherwydd 'defnyddir... math o wlanen fras Gymreig fel arfer. Gellid prynu'r math arbennig o wlanen angenrheidiol i'r pwrpas ychydig flynyddoedd yn ôl am bris isel, ond ar hyn o bryd mae'n werth dau swllt y llathen yn y lle y cafodd ei wneud, ac felly er mwyn arbed arian mae canfas sydd wedi ei baratoi yn yr un ffordd yn dod yn fwy cyffredin nag o'r blaen'.

Mae J.R. Phillips yn dweud yn 1867 fod gwlanen yn cael ei ddefnyddio 'tan yn ddiweddar' i orchuddio cwryglau yng Nghilgerran, tra bod pysgotwr cwrwgl o Genarth a gafodd ei gyfweld yn 1961, yn dweud fod ei dad yn defnyddio gwlanen i'r pwrpas hwn tan tua 1880.

Ceid y wlanen o felinau gwlân Dre-fach, Felindre, Sir Gaerfyrddin a châi ei baratoi trwy ei drochi mewn boeler ac ynddo gymysgedd a dar a resin.

Pan oedd gwlanen wedi'i ymdrwytho'n iawn, byddai'n cael ei godi allan o'r boeler gan bedwar dyn, un ymhob cornel, a'i roi i lawr ar ffram y cwrwgl oedd ar ei ben i waered a'i hoelio i'w le. Yn ôl pob tebyg hwn oedd y ffordd arferol o orchuddio drwy dde-orllewin Cymru, ond mae'n annhebygol fod gwlanen yn cael ei defnyddio mewn ardaloedd eraill. Mae Pennant ar ei daith drwy ogledd Cymru yn dweud fod cwryglau ar afon Dyfrdwy 'have now lost the cause of their name being no longer covered with coria or hides, but with strong pitched canvas' tra bod Bingley, ddeng mlynedd cyn hynny yn dweud fod cwryglau hefyd wedi'u gorchuddio gan ganfas yn hytrach na chroen.

Ar brint yn Amgueddfa Caerfyrddin, yn dyddio o 1794, ceir peth cyfeiriad at gynllun a gorchudd cwrwgl afon Tywi mewn pennill sy'n darllen:

Cwryglwyr ar afon Teifi, Cenarth, 1930au

Upon the glittering stream below,
Those fishermen of courage bold,
In numerous pairs, pursue their trade
In coracles themselves have made;
Form'd of slight twigs with flannel cas'd
O'er which three coats of tar are plac'd
And (as a porter bears his pack)
Each mounts his vessel on his back.

Beth bynnag, am o leiaf y can mlynedd diwethaf, mae cwryglau Cymreig wedi bod yn rhai wedi'u gorchuddio â chanfas neu galico, ac nid yw cychod â haenen o wlanen a thair cot o byg arnynt yn cael eu defnyddio bellach. Y dull o orchuddio ar afonydd Teifi a Thywi yw defnyddio calico caerog heb ei liwio, 5 llathen o hyd a llathen o led, wedi'i dorri a'i wnio ar hyd y canol. Caiff hyn ei dacio i ffram y cwrwgl ac yna caiff chwe phwys o byg, wedi'i gymysgu â hanner peint o olew llinad, ei ferwi'n drwyadl, ei adael i oeri ac yna ei roi ar y tu allan i'r cwrwgl. Os oes modd, caiff hyn ei wneud yn yr awyr agored ar ddiwrnod cynnes ac mae un got o býg fel arfer yn ddigon i wneud i'r cwrwgl ddal dŵr. Yng Ngheredigion a Sir Gaerfyrddin, ystyrir gorchuddio neu 'deilwrio' cwryglau yn waith i ferched. Ond yng Nghaerfyrddin, ar ôl teilwrio, ni chaniateir i'r ferch gyffwrdd â'r cwrwgl.

Mae oes gyfyngedig i gwrwgl. Roedd llawer o bysgotwyr afon Teifi'n credu y dylent gael cwrwgl newydd bob dwy flynedd. Byddai difrod bychan i'r cwrwgl yn cael ei drwsio drwy roi darn â phýg arno dros y rhwyg neu'r twll, ond os nad oedd trwsio yn bosibl, roedd yn beth digon cyffredin i bysgotwr ail-orchuddio hen ffram cwrwgl gyda darn newydd o ganfas pýg neu galico. I drwsio twll neu rwyg yng ngorchudd y cwrwgl, byddai procer poeth yn cael ei roi yn y pýg o amgylch y rhwyg nes ei fod wedi toddi. Yna roedd darn o galico â phýg arno yn cael ei roi dros y rhwyg a defnyddid procer poeth unwaith eto i daenu'r pýg dros y darn. Os digwyddai i'r cwrwgl gael ei dyllu tra yn y dŵr, byddai darn o lard, a oedd bob amser yn cael ei gario yn y cwrwgl, yn cael ei roi dros y rhwyg fel trwsiad dros dro.

Mae cynllun cwryglau a'r ffyrdd y defnyddid hwynt yn amryio'n sylweddol o afon i afon. Maent yn amrywio yn ôl natur ffisegol nentydd unigol – pa un ai bod afon yn un sy'n llifo'n gyflym neu yn araf, pa un ai bod ynddi raeadrau a llawer o ddyfroedd gwyllt a pha un ai ei bod yn fas neu yn ddwfn. Mae'r cynllun yn amrwyio hefyd yn ôl yr hyn sydd orau gan bysgotwr unigol a pha un ai bod yn well gan bysgotwr gwrwgl trwm neu un ysgafn. Gall cwrwgl afon Teifi, er enghraifft, bwyso cyn lleied â 25 pwys a chymaint â 36 pwys tra bod yr hyd yn amrywio o 50 modfedd i 60 modfedd, mae'r maint a'r pwysau iawn yn dibynnu ar yr hyn sydd orau gan y pysgotwr. Mae'r cynllun yn amrywio hefyd yn ôl traddodiad y gwahanol afonydd, oherwydd yng Nghymru roedd yna debygrwydd hynod yng nghynllun cwryglau ar y gwahanol afonydd ac roedd mathau gwahanol yn bodoli mewn ardaloedd am ganrifoedd lawer. Er enghraifft, er bod cwryglau afonydd Tywi a Thaf gerllaw yn debyg i bob ymddangosiad mewn siap, mae cwrwgl afon Taf, sydd wedi'i gynllunio i'w ddefnyddio mewn nant weddol gul sy'n llifo'n gyflym, yn drymach na chwrwgl afon Tywi. Yn lle ffram blethedig yr olaf, mae ganddo ffram estyllog. Mae cwrwgl afon Taf yn fwy pigfain yn y pen blaen ac yn fwy fflat yn y cefn ac fel arfer mae'n pwyso tua 33 pwys o'i gymharu â'r pwysau mwyaf o 28 pwys yng nghwryglau afon Tywi. Yn ystod un tymor pysgota, yn chwedegau hwyr yr ugeinfed ganrif, pan nad oedd cwryglwyr trwyddedig afon Taf yn gallu gwneud cwryglau at eu defnydd ei hun, byddai cwrwgl afon Tywi yn cael ei fenthyg am y tymor. Nid oedd pysgotwr afon Taf yn fodlon gyda chynllun na pherfformiad y

*Raymond Rees a'i bartner yn arddangos y grefft o bysgota
â rhwyd o gwrwgl ar afon Tywi, 1971*

cwch hwn ar yr afon a buan y dychwelodd at y cwrwgl traddodiadol a adeiladwyd gan grefftwyr Sanclêr Isaf, yn benodol ar gyfer afon Taf.

Rhoddodd Deddf Pysgodfeydd Eogiaid a Dŵr Croyw 1923 ddiwedd ar bysgota cwrwgl ar lawer o afonydd, fel Hafren, a chyfyngodd yn llym ar y defnydd o gwryglau ar lawer i un arall. Mae is-ddeddfau pellach yr Awdurdod Afonydd, ac Asiantaeth yr Amgylchedd ar ôl hynny, wedi achosi lleihad hyd yn oed cyflymach mewn pysgota gyda chwrwgl, ac mewn rhai ardaloedd mae'r cwrwgl bron â diflannu. Er enghraifft yng Nghenarth ar afon Teifi, sydd wedi'i ystyried ers amser yn ganolfan pysgota gyda chwrwgl, gwaharddwyd rhoi trwyddedau newydd i bysgotwyr yn rhan uwchlaw llanw'r afon o Bont Llechryd i fyny o dan Ddeddfwriaeth 1935. O ganlyniad mae'r nifer o gwryglwyr trwyddedig wedi gostwng ac felly erbyn heddiw nid oes unrhyw bysgota gyda chwrwgl yng Nghenarth. Yn 1861, amcangyfrifwyd bod dros 300 o gwryglau ar yr afon a thua 28 pâr o bysgotwyr uwchlaw Pont Llechryd.

Fodd bynnag, islaw Pont Llechryd, lle mae'r afon yn cael ei ystyried yn un â'r llanw, nid oedd gwaharddiad tan 1987, ond o dan orchymyn i gyfyngu rhwydi a orfodwyd gan yr Awdurdod Dŵr, mae'r nifer bellach wedi'i gyfyngu i ddeuddeg. Mae'r dynion cwrwgl yn y fan hon yn defnyddio rhwyd gwrwgl draddodiadol wedi'i gorchuddio, yn ogystal â'r rhwydi bach -- sydd erbyn hyn yn anghyfreithlon i ddal eogiaid. Mae Ceunant Cilgerran yn lle delfrydol i ddefnyddio offer anghyfreithlon, gan na ellir ei gyrraedd o'r ffordd na'r llwybr. Mae adroddiad papur newydd, er enghraifft, yn nodi bod '81 illegal set nets laid by "latter-day pirates" were removed from Cilgerran gorge' yn ystod y cyfnod Mehefin–Hydref 1969. Rhwyd sengl heb ei gorchuddio yw'r rhwyd fach, 18 troedfedd i 50 troedfedd o hyd, fel arfer o rwyllau mân wedi'u cysylltu â glan yr afon gyda charreg ysgafn, ac mae'r pen arall wedi'i daenu mor bell ac y mae'n cyrraedd i mewn i'r afon. Mae plwm yn cael ei glymu wrth y droedraff a chyrc wrth ben y rhaff. Fel arfer, gosodir y rhwyd yn y dŵr gan ddyn y cwrwgl a dim ond mewn dŵr gweddol dawel y gellir ei ddefnyddio. Meddai Adroddiad Awdurdod Dŵr de-orllewin Cymru 1971, 'Although corks are attached to the top of the net there are sufficient weights on the bottom to sink the net below the surface.' Yn 1970 symudwyd dros 100 o'r rhwydi anghyfreithlon hyn gan feiliaid dŵr a fu'n treillio'r afon gyda'r nos.

Mae cwryglau hefyd ar gael ar afon Tywi lle mae deuddeg â thrwydded ganddynt i bysgota am eog yn yr afon islaw'r dref. Yn 60au'r bedwaredd ganrif ar bymtheg, yn ôl Adroddiad y Comisiynwyr ar Bysgodfeydd Eogiaid, nid oedd llai na '400 men... supported themselves on the salmon and sewin fisheries'. Mae'r Adroddiad yn mynd yn ei flaen: 'to a poacher (a coracle) is invaluable... The coracle man is often lawless and always aggressive, he poaches private waters for years and claims a prescriptive right; he uses violence if he is very strong, he threatens if his opponent be not so much weaker than himself as to make violence unsafe... working without noise and at night and scarcely visible, they are difficult to detect, and if detected almost impossible to capture, for a few strokes of the paddle will always place the river between the poacher and his pursuer'.

Roedd yr awdurdodau, hyd yn oed yn 60au y bedwaredd ganrif ar bymtheg, yn feirniadol o'r cwrwgl fel cwch pysgota mewn dyfroedd heb lanw, oherwydd er ei fod yn 'beiriant perffaith deg a dilys mewn dyfroedd â llanw... maent yn ddinistriol iawn yn y rhannau o'r afon sydd â dŵr croyw ynddynt a heb eu cau i mewn... os gwelir pysgodyn yn ystod y dydd, bydd bron yn siwr o gael ei ddal y noson honno. Yn ddelfrydol ar gyfer eu cario, caiff y cwryglau eu rhoi yn yr afon ar ben y pwll lle mae'r pysgod, a chaiff ei lusgrwydo dro ar ôl tro, os yw hynny'n angenrheidiol nes y caiff ei ddal'. Mae'r deuddeg pâr sy'n cael eu defnyddio heddiw rhwng Pont Caerfyrddin a'r môr yn tynnu sylw at y ffaith fod gostyngiad sylweddol mewn niferoedd ers dau ddegau'r ungeinfed ganrif, pan oedd trwydded gan 25 o barau i bysgota o

Cwryglwyr Cenarth, 1930au

gwryglau yn 1929. Erbyn 1935 roedd y niferoedd wedi gostwng i 13 pâr 'o dan reoliadau caeth ac yn rhwym o dalu 4 gini am drwydded pysgota'. Fel ar afon Teifi gwnaed ymdrech i gael gwared ar bysgota gyda chwrwgl ar afon Tywi yn 30au'r ugeinfed ganrif, ond erbyn 1938 'ymddengys fod y Weinyddiaeth yn awr yn barod i ganiatáu rhwydo cyn belled â bod nifer y cwryglau ddim mwy na 12 pâr yn y dyfodol'. Dyma'r sefyllfa ers 1971 pan oedd 12 trwydded cwrwgl yn dal i gael eu caniatáu.

Ar afon Taf, afon fer, gyflym sy'n llifo i Fae Caerfyrddin ger pentref Talacharn, caniateir i un cwryglwr trwyddedig bysgota o gwrwgl o hyd. Gweithwyr rhan-amser yw'r pysgotwyr sy'n byw ym mhentref Sanclêr Isaf ac maent yn gweithio ddydd a nos yn ystod misoedd Mawrth i Awst yn unig. Yn ystod blynyddoedd cynnar y bedwaredd ganrif ar bymtheg, ystyrid pysgotwyr afon Taf yn rhai effeithiol iawn a gwelodd un sylwedydd 'am y tro cyntaf orchestion medrus sy'n angenrheidiol wrth drin cwch mor anwadal â hwn', er gwaetha'r ffaith ei fod yn gyfarwydd â chwryglwyr eraill afonydd Tywi ac eraill.

Ffram cwrwgl Teifi

Cilgerran, 2005

Pennod 2
Y Rhwyd Gwrwgl

Mae'r rhwyd gwrwgl, sy'n cael ei defnyddio ar hyn o bryd gan bysgotwyr gorllewin Cymru, yn rhwyd lusgo symudol ac yn wahanol i rwydi a ddefnyddir mewn afonydd eraill ym Mhrydain. Mae'r rhwydi cwrwgl a ddefnyddir ar afon Tywi yn hynod o gymhleth, gan fod y pwysau sydd wedi'u cysylltu wrth raff droed y rhwyd wedi'u gwasgaru'n wastad i batrwm cymhleth, sydd wedi'i benderfynu ymlaen llaw, yn ôl cyflwr y llanw a rhediad y dŵr ar unrhyw amser penodol. Mae cryn wybodaeth a phrofiad o amgylchiadau lleol yn hanfodol bwysig wrth osod rhwyd afon Tywi yn gywir. Mae rhwydi afon Teifi ar y llaw arall yn llawer symlach ac ni chymerir i ystyriaeth faint o ddŵr sydd yn yr afon. Yn ei hanfod, bag bas sy'n cael ei lusgo ar waelod yr afon yw'r rhwyd gwrwgl gyda'i cheg yn cael ei chadw'n agored trwy ei llusgo rhwng dau gwrwgl. Mae'n cynnwys dwy haenen o gywarch, lliain ac yn fwy diweddar neilon bondiog wedi'u cysylltu ar y pen, y gwaelod a'r ochrau. Mae gan y gorchudd allanol rwydwaith mawr; mae gan y lint rwydwaith llawer llai, a gan fod y lint yn llawer dyfnach, yn dair gwaith dyfnder y gorchudd, mae'n ymchwyddo allan fel bag bas tu ôl i'r gorchudd pan fydd y rhwyd yn cael ei thynnu drwy'r dŵr.

Mae rhwyd gwrwgl Teifi, yn ôl Rheoliadau Pysgodfa, yn cynnwys 'a single sheet of netting measuring not more than twenty feet in length and not more than three feet and nine inches in depth, and having meshes measuring not less than two inches from knot to knot or eight inches round the four sides and having attached round its four edges, and on one or both sides, a sheet of armour measuring not more than twenty feet in length and not more than two feet and six inches in depth and having meshes measuring not less than five and one-half inches from knot to knot or twenty-two inches round the four sides.'

Mae rhwyd gwrwgl Tywi, ar y llaw arall, yn cynnwys 'a single sheet of netting measuring not more than 33 feet in length and no more than 3 feet 9 inches in depth, and having meshes measuring not less than one and a half inches from knot to knot or six inches round the four sides, and having attached round its four edges and on one side a sheet of armour, measuring not more than 33 feet in length and not more than 3 feet 9 inches in depth and having meshes measuring not less than five and one-half inches from knot to knot or twenty-two inches round the four sides.'

Mae llawer o wahaniaethau rhwng y rhwydi a ddefnyddid gan bysgotwyr cwrwgl ar y ddwy afon, wedi'u sylfaenu nid yn gymaint ar

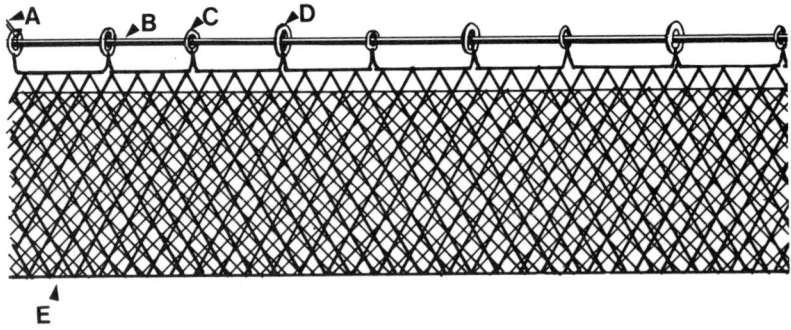

*Rhwyd gwrwgl, y math a ddefnyddir ar afonydd Tywi a Thaf: A lein dreillio;
B rhaff ben (ffun fowr); C cylch corn; D corcyn a chylch corn; E rhaff droed (blwm-ffun)*

ofynion cyfreithiol, ond ar draddodiad ac arferion y pysgotwyr. Mae rhwydi Tywi yn llawer mwy soffistigedig na rhai Teifi ac mae'r enwau cymhleth ac amrywiol ar wahanol rannau o'r rhwyd yn awgrymu ei bod o bosibl yn llawer cynharach. Ar afon Teifi roedd yn well ganddynt ddefnyddio cywarch i wneud rhwydi, ac er fod cywarch yn cael ei ddefnyddio yn achlysurol ar afon Tywi, mae'n well gan bysgotwyr Caerfyrddin ddefnyddio edau liain, gan eu bod yn ei hystyried yn llawer cryfach na chywarch. Yn y ddeunawfed ganrif tyfwyd llin yn Nyffryn Tywi ac roedd hyn yn darparu'r deunydd crai ar gyfer y gwneuthurwyr rhwydi yng Nghaerfyrddin. Nid oes tystiolaeth i awgrymu fod lliain erioed wedi cael ei ddefnyddio ar afon Teifi ac mae'r ffaith fod pysgotwyr Teifi yn defnyddio edau cywarch wedi'i fewnforio ar gyfer eu rhwydi, eto yn awgrymu datblygiad llawer diweddarach. Yn y blynyddoedd diweddar, mae neilon bondiog wedi cael ei ddefnyddio gan bysgotwyr cwrwgl Caerfyrddin i wneud rhwydi, er bod y pysgotwyr, hyd yn ddiweddar, yn casáu deunydd synthetig ac yn glynu at ddefnyddiau traddodiadol ar gyfer rhwydi. Ar afon Teifi mae'r rhaffau pen, y ffun fawr a'r rhaff droed bob amser wedi'u gwneud o flew ceffyl ond ar afon Tywi defnyddir blew buwch yn unig ar gyfer y rhaffau.

Er bod mesuriadau metrig yn cael eu defnyddio bellach mewn deddfwriaeth yn ymwneud â'r cwrwgl a'i rwydi, mae'r gwryglwyr yn dal i lynu at hen fesuriadau traddodiadol wrth eu gwaith bob dydd. Oherwydd hynny, troedfeddi a modfeddi a ddefnyddir drwy'r gyfrol hon.

Cwryglwyr Caerfyrddin, tua 1932

Pennod 3

Cwrwgl Teifi

Nid yw cwrwgl Teifi, a ddefnyddid gan genedlaethau o bysgotwyr yng Nghenarth, Aber-cuch, Llechryd a Chilgerran, yn amrywio llawer mewn siap a chynllun o un rhan o'r afon i'r llall. Yn ôl Hornell, 'the Teifi coracle is characteristically short and of squat ungainly shape; in plan broad and with very little horizontal curve at the fore end; nearly semicircular in plan at the after end. At the insertion of the seat, placed about mid-length, the gunwale is pinched in at each side, giving the appearance of a slight waist between the forward and after sections. At the fore end and along the sides to a point just behind the seat, the coracle shows a slight degree of tumble-home, whereby the bottom view appears broader than the face plan and has no midships constriction, its outline being bluntly triangular, with all the angles well rounded. The apex, more rounded than the other angles, represents the stern. The gunwale sheers slightly towards the fore end, more emphatically towards the after end. The bottom is flat except for the last 12-15 inches, where it curves up gradually to the extremity of the stern. To anyone unfamiliar with these coracles, the narrowed and the curved-up stern would seem to be the fore-end, where as the wide and deep forward end would certainly be considered as the "stern" '.

Mae fframwaith y cwrwgl yn cynnwys saith asen wedi'u plethu ar eu hyd mewn onglau sgwâr wrth saith asen ar eu traws, wedi eu gosod 4 – 5 modfedd oddi wrth ei gilydd. Mae pâr o eisau saethu yn croesi ei gilydd o flaen y sêt sydd wedi'u plethu i'w gilydd gydag eisau saethu ar eu hyd ac ar eu traws. Gan mai un asen saethu yn unig a geir tu ôl i'r sêt, mae'r rhan hon o'r cwrwgl wedi'i chryfhau gan bleth hanner cylch o frigau'r helygen. Tu ôl i'r bleth hon mae ffram y cwrwgl wedi'i blygu tuag i fyny i starn y cwch, ac mae lleoliad y bleth helygen yn nodi terfyn llawr gwastad y cwch yn y cefn. I adeiladu ffram y cwrwgl dewisir brigau'r helygen a'u torri; bydd y rhai ar gyfer yr eisau saethu ar eu hyd yn 7 troedfedd 6 modfedd neu 8 troedfedd o hyd a bydd y rhai ar gyfer yr eisau saethu ar eu lled yn 5 troedfedd neu 6 troedfedd o hyd. Torrir y rhain yn yr hydref neu'r gaeaf pan nad ydynt yn llawn sudd, a'r helygen o'r ansawdd orau yw docbren helygen tua saith oed. Yn y gorffennol roedd galw helaeth am goed helyg, sy'n tyfu'n niferus yn Nyffryn Teifi -- a châi coed helyg eu tocio'n gyson. Heddiw, fodd bynnag, gyda diflaniad cymaint o ddiwydiannau coed helyg, nid yw cynaeafu bellach yn digwydd yn rheolaidd, ac mae adeiladwyr cwryglau yn ei chael hi'n gynyddol anodd i gael gafael ar ddeunydd crai priodol i wneud fframiau cwryglau. Gyda bilwg, caiff pob pren helyg ei hollti yn ei hanner, fel bod y ddwy ran yr un trwch ar eu hyd. Yna caiff pob darn o goed ei osod mewn caseg bren a'i lyfnhau gyda rhasgl â dwy handlen iddi a naddwr pren. Mainc isel yw caseg yr adeiladwr cwryglau, a bydd y cychwr yn eistedd o boptu iddi, gan bwyso ar y pedal clampio gyda'i droed, fel bod yr asen, sy'n cael ei dal yn dynn gan y blocyn clampio, yn y man priodol ar gyfer ei naddu. Cyn eu defnyddio caiff yr eisau eu mwydo mewn dŵr poeth neu roi clytiau wedi'u trochi mewn dŵr berwedig o'u cwmpas fel eu bod yn fwy ystwyth. Yna, gosodir saith asen ar y llawr, neu ar fwrdd pren, wedi'u gosod 4 neu 5 modfedd oddi wrth ei gilydd, a chaiff deg o'r eisau byrrach eu cydblethu gyda nhw ar onglau sgwâr. Gosodir y grŵp cyntaf o eisau traws yn agos i'w gilydd mewn tri phâr, er mwyn rhoi cryfder ychwanegol o dan draed y cwryglwr, fel bod, mewn gwirionedd, saith asen draws yn fframwaith y cwrwgl. Caiff y ddwy asen hir eu trefnu ar letraws ar hyd blaen yr eisau ac wedi'u cydblethu gyda'r rhai eraill. Rhoddir pwysau carreg trwm lle mae'r eisau yn croesi ar draws ei gilydd a phlygir yr ochrau tuag i fyny. Rhoddir sêt o bren ffawydd tua 36 modfedd o hyd ac 11 modfedd o led yn ei lle a phlygir tuag i fyny ben pella'r ail a'r drydedd asen draws (gan gyfrif o'r cefn) a'u gwthio drwy dyllau a wnaed yn ymyl pen yr astell o bren ffawydd. Yn nesaf plygir

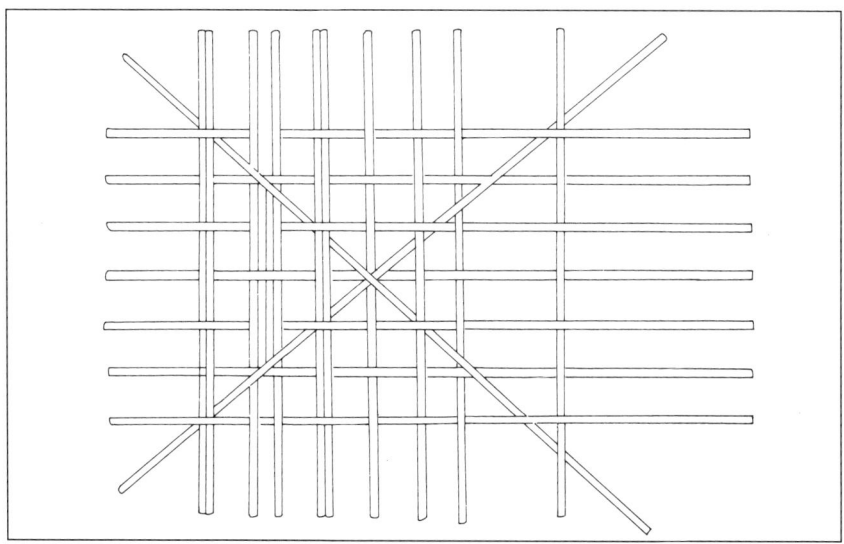

Llawr y cwrwgl

Fred Llewelyn, 'brenin y cwrwgl', yn gweithio cwrwgl Teifi, 1938

tuag i fyny ben pella'r ddwy brif asen draws, a'u rhoi yn sownd yn y lle iawn gyda llinynnau wedi'u hymestyn rhyngddynt. Dyma'r patrwm wrth roi siâp i'r ffram gollen (y bleth dop) sy'n cael ei phlethu o nifer o brennau collen 9 troedfedd o hyd. Fel arfer mae'r plethu yn digwydd o'r ochr chwith yn ymyl y sêt, ac fel y mae'r cychwr yn parhau i blethu tuag at ganol y cwrwgl, caiff yr eisau eu rhoi i mewn a'u plethu'n ofalus i'r ffram. Mae'r broses yn mynd yn ei blaen nes bod y cyfan o flaen ('part bla'n') fframwaith y cwrwgl, sydd bron yn hanner cylch, yn cael ei orffen. Yn y cefn ('cwt y cwrwg') plygir un bleth tuag i lawr i ffurfio bandyn atgyfnerthol o gwmpas cefn y gwaelod, ac mae ail yn cael ei chario'n ddi-dor ar hyd y top, gydag eisau yn cael eu rhoi ynddi. Caiff trydedd pleth ei gwneud, er nad yw trydedd pleth yn cael ei defnyddio mewn enghreifftiau diweddar. Pan gaiff ei adeiladu, mae ei gwiail yn gryfach na'r rhai yn y ddwy arall, gan fod y bleth hon yn ffurfio ymyl y ffram ac yn gorfod gwthsefyll traul mawr. Mae'n mynd dros ben draw'r seti, sydd wedi eu suddo tua $1\frac{1}{2}$ modfedd islaw pen y ffram. Er mwyn rhoi cryfder i'r sêt, mae angen naw neu ddeg cored, a'u pen isaf wedi eu suddo i mewn i far pren sy'n troi ar draws cefn y cwrwgl.

Erbyn hynny, bydd fframwaith y cwrwgl wedi'i orffen, ac ychwanegir cot o greosot cyn gynted ag y mae'n sych, ac mae tua 4 llathen o galico heb ei liwio, fel arfer wedi'i gael o siop ddefnydd yng Nghastellnewydd Emlyn, yn cael ei dynnu'n dynn dros y fframwaith. Mae cwrwgl Teifi yn wahanol i gwrwgl Tywi gan fod y ffram wedi'i orchuddio â chalico ac heb ei hoelio i'w lle. Gelwir y broses o orchuddio yn 'helingo' a chaiff y calico ei wnïo i'w le gyda llinyn neu weiren denau wedi'i rhoi drwy'r gynwal blethedig. Yn olaf rhoddir haenen boeth o byg, wedi'i ferwi gydag olew llinad neu o bosibl lard neu wêr, dros wyneb allanol y cwrwgl. Fel arfer dewisir diwrnod sych ar gyfer y broses hon o bitsho cwrwgl, a chaiff ei wneud weithiau gan ferched. Yn olaf, gwneir pâr o dyllau ar bob pen i'r sêt er mwyn ffitio strapen sydd wedi'i gwneud o helygen, collen neu dderwen wedi'i gordeddu (yr wden neu gwden). Y dull cyffredin o naddu'r wden yw dewis derwen ifanc wedi'i chordeddu, ond peidio â thorri o fewn tua 4 modfedd o'r gwreiddyn. Caiff ei dorri mor agos â phosibl i'r gwreiddyn. Rhoddir un pen o'r wden i lawr drwy'r twll sydd ar y pen, mewn pâr yn y sêt, a'i dynnu i fyny drwy'r pen arall ac felly ei wneud yn ddiogel. Caiff y pen arall ei drin yn yr un modd. Weithiau gwneir twll ychydig islaw'r gynwal yng nghefn y cwrwgl, er mwyn i'r dŵr lifo ymaith pan gaiff y cwch ei gario i'r lan.

Defnyddir rhwyf fer ar afon Teifi ac mae'n lletach ac yn fyrrach na'r un

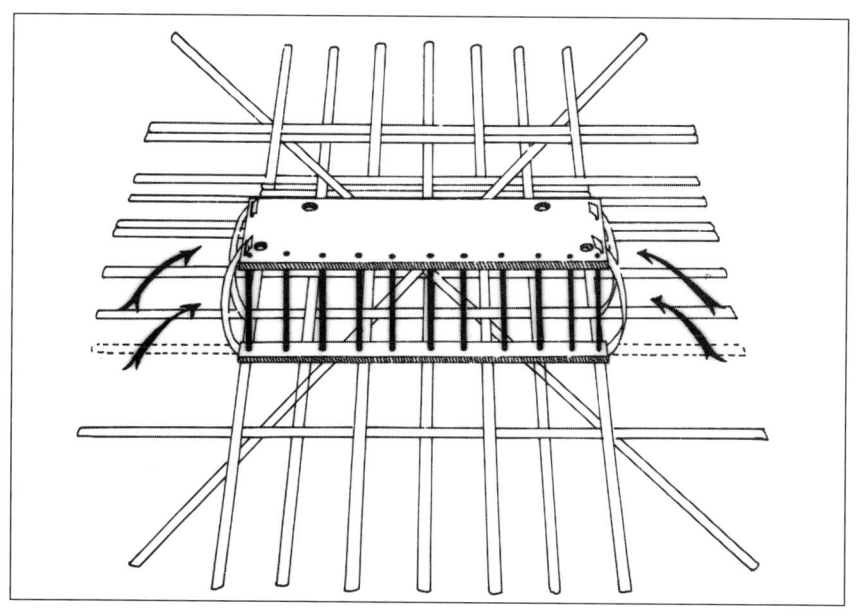

Sêt cwrwgl yn ei lle

William Elias yn gweithio cwrwgl Tywi

a ddefnyddir ar afon Tywi. Fe'i gwneir naill ai o larwydden, onnen neu lwyfanen, ac mae 50 modfedd o hyd. Mae'n well gan y rhan fwyaf o gwryglwyr rwyfau o bren llarwydd gan eu bod yn ysgafnach na'r rhai o bren onnen neu lwyfanen – ystyriaeth bwysig pan mae'n rhaid eu rhwyfo gydag un llaw. Mae'r llafn yn 16 modfedd o hyd, gyda rhan lydan bigfain, a thra bod un ochr yn wastad, mae'r llall ychydig yn grwn. Mae gefel ar ben rhan wastad y rhwyf, a gellir ei gosod oddi tano, ac felly gysylltu â'r bar gwaelod sy'n dal pwysau'r sêt pan mae'r cwrwgl yn cael ei godi i fyny ar ysgwyddau'r perchennog. Mae'r paladr (h.y. coes neu ddolen y rhwyf) 'yn gorffwys ar ei ysgwydd dde, ac wrth ei addasu fel hyn mae pwysedd y rhaff gario ar draws ei frest yn llawer llai. Mae'r efel yn rhoi

*Cwrwgl Teifi yn
Amgueddfa Werin Cymru, Sain Ffagan*

*Cwrwgl Teifi yng Nghanolfan
Genedlaethol y Cwrwgl, Cenarth*

Cwrwgl Taf

Cwrwgl Tywi

Cwryglau Dwyryd

Cwrwgl Conwy yn Amgueddfa Werin Cymru, Sain Ffagan

Cwrwgl Hafren yng Nghanolfan Genedlaethol y Cwrwgl

Ronnie Davies, un o gwryglwyr Cenarth, yn 'dellto' – hollti helyg i baratoi ffram cwrwgl.

Yr helyg wedi'u hollti yn asennau gan Ronnie Davies

Llyfnhau ar y ceffyl pren – dyfais arbennig sy'n gweithio fel feis i ddal y pren yn llonydd ac yn cael ei weithio gan bwysau'r droed.

Ffram cwrwgl gorffenedig yn barod i'w 'helingo'

Cedwir cydbwysedd y cwrwgl wrth ei gario drwy ddefnyddio'r rhwyf.

'Eise' helyg a gwiail cyll wedi'u naddu a'u storio

Llun agos yn dangos y plethwaith cyll sy'n creu a chadw siap y cwrwgl

Coes y rhwyf a'r bachyn sy'n cydio dan y sedd ar gyfer cario cwrwgl

Rhwyf pysgotwr (chwith) a rhwyf potsier gyda'r ysgwyddau 'tawel'

Cwrwgl Teifi yn Llechryd

Bernard Thomas, un o gwryglwyr Llechryd

Dau o gwryglwyr Llechryd

Cwrwgl Teifi wedi'i lunio gan Bernard Thomas.

Tafarn yng nghanol tref Caerfyrddin

Raymond Rees, Caerfyrddin gyda chwrwgl ffeibr-glas yn ei weithdy ar lan afon Tywi

Y bont enowg yng Nghenarth

Regata boblogaidd yng Nghenarth

Regata Cilgerran, 2005

*Offer potsian yn cael eu harddangos
yng Nghanolfan y Cwrwgl*

Y 'cnociwr' neu'r 'pren pysgod' yn ei le ar sedd y corwg

gwell gafael i fysedd y llaw dde pan yn rhwyfo yn syth ymlaen gyda'r rhwyf dros ben blaen y cwch; mae'r llaw chwith yn gafael yn y goes tua 15 modfedd yn is i lawr'. Mae paladr y rhwyf yn silindrig mewn trawsdoriad yn ymyl y man lle mae'n cysylltu gyda'r llafn, ond mae'n gwastatau ac am 24 modfedd diwethaf ei hyd mae bron yn hirsgwar mewn trawsdoriad ac yn diweddu mewn gefel. Wrth rwyfo cwrwgl Teifi ffurfir ffigwr 8 yn y dŵr a chedwir y rhwyf drwy'r amser dan wyneb y dŵr. Wrth bysgota, rhwyfir gyda naill ai ochr chwith neu dde'r afon. Caiff y paladr ei ddal gydag un llaw dipyn yn is na'r canol ac mae gefel y rhwyf yn gorffwys yn erbyn yr ysgwydd. Pan nad yn rhwydo, caiff y cwrwgl ei

John C. Thomas, Cenarth yn gweithio cwrwgl Teifi yn 1962

yrru yn syth ymlaen drwy rwyfo dros y pen blaen 'either by figure of eight stroke or by a scooping motion. In both cases, the paddle is gripped with the two hands, one gripping the claw at the top and the other holding the loom some distance down'.

Er bod holl gwryglau'r Teifi yn dangos unffurfiaeth anghyffredin o ran eu hadeiladwaith, gall y maint a'r rhannau amrywio'n sylweddol yn ôl yr hyn sydd orau gan bysgotwr unigol. Mae dyn tal a thrwm angen cwrwgl mwy o faint na dyn llai, a bydd hwnnw o bosibl angen cwrwgl ysgafnach er mwyn gallu ei gario'n haws. Mae'r canlynol (gweler tudalen??) yn enghreifftiau o faintioli cwryglau afon Teifi: gwnaethpwyd a defnyddiwyd cwrwgl A, (sydd yn awr yn Amgueddfa Werin Cymru, Rhif Cofnodi Derbynion 04.199) yn Llechryd tua 1890. Adeiladwyd cwrwgl B (hefyd yn Amgueddfa Werin Cymru, Rhif Cofnodi Derbynion 51.252) gan adeiladwr cwryglau yng Nghenarth, John Thomas, Bronteifi, yn 1951. Mesurwyd cwrwgl C gan Hornell yn nhri-degau'r bedwaredd ganrif ar bymtheg ac roedd yn eiddo i Alfred E. Griffiths, Cenarth.

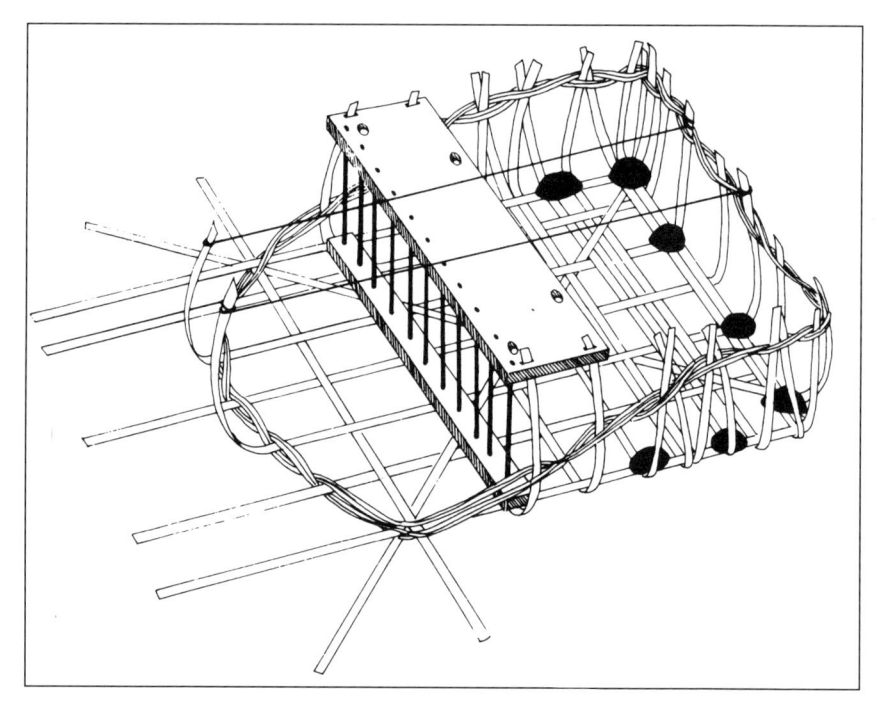

Y plethwaith

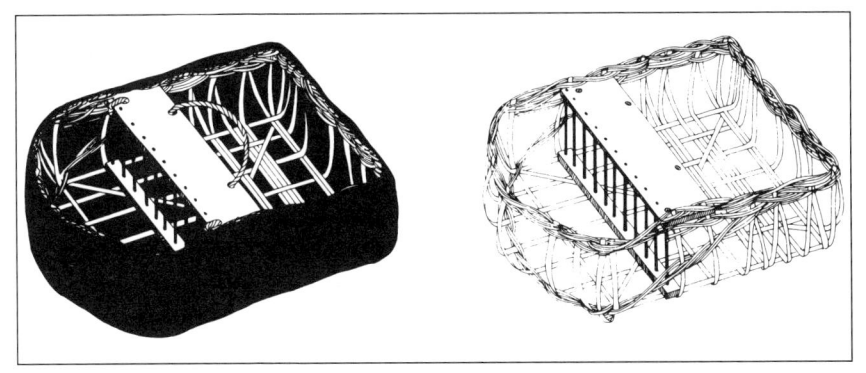

Helingo a phitcho

	A	B	C
Hyd o ben i ben(ar hyd y gynwal)	54 mod	58 mod	54 mod
Lled mwyaf (yn ymyl y pen blaen)	41½ mod	39 mod	39 mod
Lled (wrth y sêt)	34½ mod	34 mod	34 mod
Dyfnder hyd at ochr isaf y sêt	12½ mod	12 mod	13 mod
Uchder o ben blaen y gwaelod	18½ mod	18 mod	16 mod
Uchder o ben ôl y gwaelod	19¾ mod	23 mod	18 mod
Lled y sêt	10 mod	9 mod	–
Pwysau	28 pwys	32 pwys	29 pwys

Yn nhri-degau'r bedwaredd ganrif ar bymtheg, pris cwrwgl fyddai tua £2 ac roedd yna ddau adeiladwr wedi arbenigo ar wneud cwryglau – un yng Nghenarth a'r llall yn Llechryd.

Mae cwryglau wedi bod ar y Teifi ers o leiaf chwarter olaf y ddeunawfed ganrif ac ysgrifennodd llawer o ymwelwyr â gorllewin Cymru am y cwryglau a welsant yng Nghenarth, Cilgerran a Llechryd. Yn 1781, mae H.P. Wyndham, er enghraifft, yn ogystal â disgrifio cwryglau Teifi yn fanwl, yn sôn amdanynt yn cael eu defnyddio yng Nghilgerran, lle caent eu defnyddio i fynd â phobl ar draws yr afon, yn ogystal â physgota. Dywed: 'The dexterity of the natives, who fish in these coracles is amazing, though it frequently happens to the most expert, that a large fish will pull both the boat and the man under water'. Mae Malkin, rhyw ugain mlynedd yn ddiweddarach, yn disgrifio cwrwgl Teifi yn eithaf manwl: 'They are made with very strong basket-work and covered with hides or coarse canvas, with a thick coating of pitch. Their shape resembles the section of a walnut shell, their length is generally five feet and their breadth seldom less than four. They contain but one person and it is entertaining to observe the mode in which they are managed. The dextrous navigator sits precisely in the middle and it is no trifling part of his care to keep his just balance. The instrument with which he makes his way is a paddle, one end rests upon his shoulder, and the other is employed by the right hand in making a stoke alternately on each side. The left hand is employed by conducting the net and he holds the line between his teeth... They are now applied only to the purpose of fishing'.

Erbyn 1861, ystyrid afon Teifi fel 'the headquaters of coracle fishing,' a dywedodd Adroddiad y Comisiynwyr a benodwyd i wneud ymholiadau i bysgodfeydd eogiaid bod pysgota gyda chwryglau wedi cael ei 'developed to the most... The feelings of the coracle fishers are strongly antagonistic both to the fishermen at the mouth (h.y. rhwydwyr y foryd) and to the upper proprietors. They form a numerous class, bound together by a strong esprit de corps, and from long and undisturbed enjoyment of their peculiar mode of fishing, have come to look upon the river almost as their own, and to regard with extreme jealousy any sign of interference with what they consider their rights. In the deep and narrow water near the Cilgerran slate quarries, several pairs of coracles are sometimes so arranged as almost entirely to close the passage againt the fish'.

Ar afon Teifi pan nad oedd fawr o waharddiadau ar bysgota gyda chwrwgl, fel ag yr oedd yn ystod y bedwaredd ganrif ar bymtheg, rhannwyd yr afon yn bedair, a physgotwyr un o'r pedwar pentref oedd â'r unig hawl i bysgota yn y rhannau hynny o'r afon. Y pedwar pentref oedd yn ymwneud yn bennaf â hyn oedd Cilgerran, Llechryd, Aber-cuch a Chenarth. Rhannwyd pob darn o'r afon yn nifer o rannau a'r enw ar bob un oedd 'bwrw'. Rhannwyd pob bwrw yn dair rhan a gelwid pob un o'r rhain yn 'traill'. Yng Nghilgerran, er enghraifft, y brif draill oedd yr ochr honno o'r afon fel arfer, ond nid bob tro, oedd agosaf at y pentref; roedd yr ail draill yn dynodi canol yr afon ac roedd yr 'hawel' neu 'tu'r dref' yn dynodi trydydd traill ar yr ochr arall i'r afon o'r brif draill. 'If the principal trawl was on the Cardiganshire third of the river, the third trawl would occupy the third part of the river nearest to Cilgerran and was called tu'r dre or next to the town, but if on the contrary, the principal trawl was along the Pembrokeshire third of the river, the third trawl would be.... on the Cardiganshire side and would be called yr Hawel'.

Yn ôl traddodiad lleol, roedd gan bob un o'r wyth bwrw a oedd yn perthyn i gwryglwyr Cilgerran eu nodweddion eu hun, ac mae'r rheiny'n cael eu cyfleu mewn rhigwm sydd wedi'i throsglwyddo o genhedlaeth i genhedlaeth hyd at y dydd heddiw.

Bwrw byr hyfryd – Brocen ddryslyd
Gwegrydd lana – Nantyffil lwma
Crow'n rhoddi – Pwll du'n pallu
Bwmbwll yn hela – Draill fach yn dala

Ynglwm wrth pob prif fwrw, roedd sawl bwrw llai. Roedd gan Bwrw Byr fwrw Pwll March a bwrw Gaing ynghlwm wrthynt; roedd Bawbwll a Graigwen ynghlwm wrth Brocen; roedd Capel a Bwrw Oer ynghlwm wrth Gwegrydd; roedd Pwll Emlyn ynghlwm wrth Nantyffil; roedd Garw Bach a Garw Hir ynghlwm wrth Pwll Du; roedd Pwll-y-pysgod ynghlwm wrth Bwmbwll; roedd Afr a Priod ynglwm wrth Traill Bach, ond nid oedd yr un bwrw llai gan Bwrw Crow. Yn ychwanegol i'r wyth prif fwrw a'u rhaniadau a'r rhai llai oedd ynghlwm wrthynt, roedd yna hefyd ddeunaw bwrw llai arall heb fod yn perthyn i'r prif rai. Y rhain oedd Pwll-y-Rhwyd, Gaing, Pwll March, Bawbwll, Graigwen, Porthfa Lodge, Capel, Bwrw Oer, Pwll Emlyn, Pwll Elai, Garw Bach, Barw hir, Pwll-y-pysgod, Yr Afr, Y Prior, Traill y Bridyll a Traill Silain a Pwll Trewinsor.

Yn ôl J. R. Phillips, hanesydd Cilgerran, 'In or about the month of April the town crier used to convene by a public cry, a meeting of all the fishermen for all the season...' Cyn hynny ni chaniateid i unrhyw un bysgota yn y rhan honno o afon Teifi sy'n agos i ffiniau'r plwyf hwn, ar

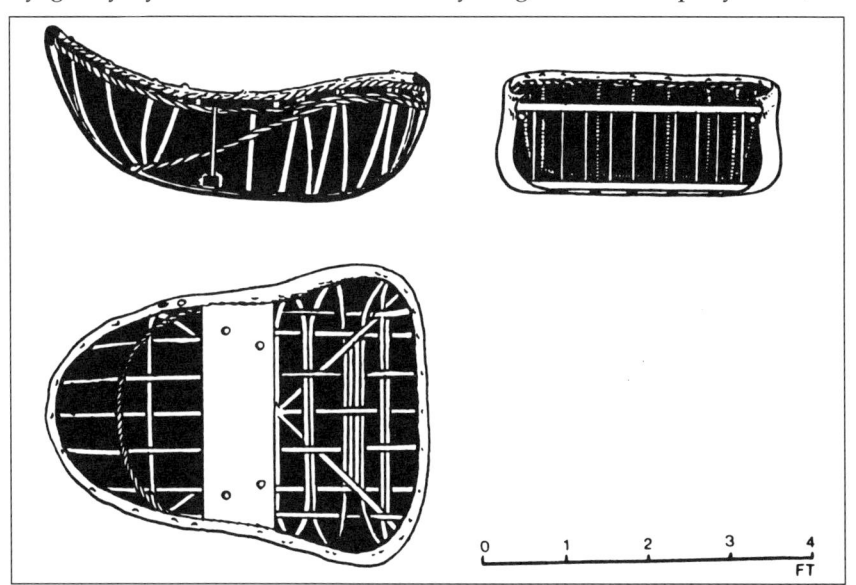

Cwrwgl Teifi

wahân i'r rhai oedd wedi'u derbyn cyn hynny fel dinasyddion o fwrdeistref hynafol Cilgerran, fel bod yr afon yn cael ei llwyr feddiannu ganddynt a dieithriaid yn cael eu gwahardd rhag cymryd rhan yn y bysgodfa. Yng nghyfarfod blynyddol y pysgotwyr ym mis Ebrill dosbarthwyd cyfleoedd neu fwriau ar gyfer noson gyntaf y tymor pysgota. I'r pwrpas hwn, rhoddwyd darnau o bapur ac enwau'r wyth prif fwrw wedi'u hysgrifennu arnynt, a hefyd is-rannau pob un o'r bwriau hyn, mewn het ac o hon byddai pob pysgotwr yn ei dro yn cymryd darn a pha enw bynnag neu leoliad fyddai wedi'i ysgrifennu ar y darn hwnnw, dyna fyddai ei briod le yn ystod y noson gyntaf honno. Roedd y trefniant hwn yn weithredol am y noson gyntaf yn unig, 'for he that would have the best chance on the first trawl on the upper cast on the first night, would be the last on the next cast on the following night, and so on until he had gone through all the subdivisions in each bwrw'. Pe na bai pysgotwr yn ei briod le ar unrhyw noson, ni ellid cymryd ei le gan unrhyw un arall, gan fod dosbarthiad y bwriau yn cael ei weithredu'n haearnaidd bob amser. Gelwid man cychwyn bob lleoliad yn Pen bwrw, lle byddai'r cwryglau yn cael eu gosod yn ôl blaenoriaeth: 'The two leading coracles were required to be with their keels on the ground, in the same position as when on the water, with the paddle resting on the seat. If this rule was not adhered to, the owners of the leading coracles were deprived of their trawl'.

Lluniwyd y rheolau haearnaidd ynglŷn â blaenoriaeth a braint gan y pysgotwyr eu hunain heb unrhyw amheuaeth ac roeddent yn hynod werthfawr gan fod dadleuon yn cael eu hosgoi. Deddfau llafar oeddent wedi'u trosglwyddo o dad i fab a chaent eu gweithredu, gyda ychydig o amrywiaeth, gan ddynion cwrwgl Llechryd, Aber-cuch a Chenarth yn ogystal â rhai Cilgerran. Cyn chwe degau'r bedwaredd ganrif ar bymtheg roedd y tymor pan na chaniateid pysgota eogiaid yn fater o ddeddf anysgrifenedig yn hytrach na deddfwriaeth ac roedd y tymor caeëdig yn ymestyn o Awst i Chwefror. Roedd un pysgotwr o bob pentref yn gyfrifol am gadw'r cwryglau dan glo yn ystod y tymor pan na chaniateid pysgota. Yn chwe degau'r bedwaredd ganrif ar bymtheg roedd nifer sylweddol o bysgod yn cael eu halltu a'u mygu ac anfonwyd rhai pysgod ffres 'to London and those that are fit are sold to Londoners and the rest are sent to France'. Yn ychwanegol i bysgota cwrwgl yng Nghenarth, Llechryd, Aber-cuch a Chilgerran, roedd pysgota cwrwgl yn digwydd i fyny'r afon yn Llandysul, lle byddai rhwydi cwrwgl yn cael eu defnyddio'n gyson am rai blynyddoedd. Yn ôl adroddiad y Comisiynwyr, dim ond yn ddiweddar y dechreuwyd pysgota gyda chwrwgl uwchlaw rhaeadrau Cenarth ac mae'r dystiolaeth yn awgrymu bod pysgota gyda chwrwgl wedi diflannu yn Llandysul ar ôl 1863 pan gyflwynwyd trwyddedau pysgota.

Yn y pentrefi pysgota gyda chwrwgl islaw rhaeadrau Cenarth, roedd pysgotwyr yn llwyddo er gwaethaf cyflwyno trwydded gwerth pum swllt. Fodd bynnag, daeth chwe degau'r bedwaredd ganrif ar bymtheg â diwedd ar reolau haearnaidd blaenoriaeth a gafodd eu gweithredu ar yr afon. Yng Nghilgerran, er enghraifft, diystyriwyd y rheolau... 'and recently the person who left the first coracle at a station during the day was entitled to precedence in trawling the following night, the river from that station to the next; but now before a person has any certainty of a draw, he must need place himself at the starting point and there remain with his coracle from the morning till the evening sets in, and the darkness enables him to spread his net to advantage; and even this patient watching does not always now secure a first position. In fact there is no regulation whatever adhered to; everybody scrambles for the first chance; and everybody spreads his net wherever he thinks it's likely to obtain a fish'.

Er bod rheolau haearnaidd blaenoriaeth wedi diflannu o Gilgerran erbyn chwe degau'r bedwaredd ganrif ar bymtheg, roedd olion ohonynt yn dal ar ôl tan dri degau'r ugeinfed ganrif. Roedd cwryglau Cilgerran a oedd â'r hawl i bysgota rhwng Llechryd a Phont Aberteifi yn pysgota mewn pyllau a therfynnau pendant iddynt – Y Gwddwg, Llyn, Pwll Byr, Y Frocen, Gwaun Morgan, Y Cafan, Nantyffil, Y Crown, Bwmbwll, Bwrrwyd, March, Pen Pwll, Pysgod, Chwarel Aubrey, Y Gwter, Yr Afar, Y Prior, Ben Jubilee. Gallai'r pâr cyntaf o gwryglau wrth bwll arbennig fynd

Pysgotwyr cwrwgl ar lannau Teifi, Cenarth, 1935

Cwryglwyr Cenarth tua 1930

i mewn i'r dŵr gyntaf. Roedd y pâr cyntaf yn cael ei alw yn 'ergyd'. Yna dilynid ef gan yr ail draill a gâi fynd i mewn i'r dŵr cyn gynted ag y bo'r ergyd wedi symud 50 llath o'r man dechrau pysgota. Dilynid hyn wedyn gan y trydydd; ond ni allai'r pâr cyntaf ddechrau ailbysgota nes bod y trydydd wedi gorffen ei ergyd gyntaf.

Efallai y gellid awgrymu mai un o'r ffactorau a gyfrannodd tuag at ddirywiad yr hen ddull o ddosbarthu pyllau yn y chwe degau a'r saith degau oedd dyfodiad y rheilffordd a ddaeth â marchnad bysgod Billingsgate o fewn cyrraedd hawdd iawn. Roedd gan nifer gynyddol o bysgotwyr rwydi ac anghofiodd y cwryglwyr y rheolau cysegredig gan bysgota lle y mynnent. Ehangwyd marchnad y pysgotwyr pan ddaeth y rheiffordd i Gaerfyrddin yn 1852, i Hendy-gwyn ar Daf yn 1854 ac i Aberteifi yn 1880 gan roi cymhelliad cryf i rwydwyr afon Teifi i bysgota mwy a dal mwy o eogiaid gan eu bod yn gallu cael eu cludo yn llawer haws i farchnad eang. O ganlyniad, dirywiodd arfer lleol glannau Teifi o halltu a mygu eogiaid ar gyfer eu cadw.

Heddiw, mae pris trwydded rhwyd gwrwgl yn nesau at £500 y flwyddyn a bu lleihad cyflym yn y defnydd o'r cwrwgl fel cwch pysgota ar yr afon. Yn 1861, credai un oedd yn gwylio fod ymhell dros 300 o gwryglau ar yr afon. Credai gwyliwr arall fod rhwng 200 a 300 o gwryglau yng Nghilgerran yn unig a bod 'almost everybody in Cilgerran has a coracle'. Yng Nghenarth, fodd bynnag, nid oedd ond 16 neu 18 o rwydi, tra bod 10 yn Aber-cuch. Roedd y tymor pan na chaniateid pysgota, trwy gytundeb cyffredinol y pysgotwyr eu hunain, yn ymestyn o'r 3ydd o Dachwedd i'r 3ydd o Fawrth. Hyd yn oed yn 1861, roedd pysgotwyr gyda chwrwgl wedi cythruddo'r pysgotwyr genwair oherwydd 'these coracles fish down the stream... and render the river unfit for rod or fly fishing'.

Ar ôl chwe degau'r bedwaredd ganrif ar bymtheg, wrth i nifer o Ddeddfau gael eu llunio i reoli a chyfyngu ar bysgota eogiaid, cyflwynwyd tymhorau pan na chaniateir pysgota a thrwyddedu pysgotwyr gyda chwrwgl. Roedd y tymor pan na cheid pysgota yn amrywio ond fel arfer roedd yn ymestyn o'r 31ain o Awst i'r 1af o Chwefror ond ar gau yn ystod y penwythnos. Fodd bynnag, roedd pysgota gyda chwrwgl yn llwyddiannus drwy chwarter olaf y bedwaredd ganrif ar bymtheg a deng mlynedd ar hugain cyntaf yr ugeinfed ganrif, ac o ganlyniad roedd yna 24 o drwyddedi rhwydi cwrwgl yn 1932, a oedd yn golygu bod 48 o gwryglau yn cael eu defnyddio ar afon Cenarth yn unig, gyda 52 o drwyddedau rhwydo ychwanegol, yn ôl yr amcangyfrif, islaw Pont Llechryd. Erbyn 1935 roedd 33 o drwyddedau rhwydo wedi eu rhoi. Roedd llunio deddf leol, wedi'i dilysu gan y Weinyddiaeth Amaeth a Physgodfeydd ar 14eg o Chwefror, 1935, wedi rhoi cyfyngiadau llym ar bysgota gyda chwrwgl yn y rhan o'r afon uwchlaw'r llanw. Heddiw gellir defnyddio rhwydi cwrwgl yn unig gan berson y caniateid iddo ddefnyddio rhwyd gwrwgl uwchlaw'r bont a hynny yn union cyn i'r Ddeddf leol hon gael ei gweithredu. Fel canlyniad i ddeddf leol 1935, mae pysgota gyda chwrwgl wedi diflannu bron yn gyfan gwbl yn y rhan o'r afon uwchlaw'r llanw. Yn 1952 dosbarthwyd 16 o drwyddedau cwrwgl i bysgotwyr rhwng Llechryd a Chenarth; yn 1957 roedd y nifer o drwyddedau wedi gostwng i 4, yn 1970 i 1 ac yn 1971 ni ddosbarthwyd unrhyw drwyddedau o gwbl gan fod y drwydded yn dod i ben gyda marwolaeth y deiliad oedd yn pysgota yn y rhan o'r afon uwchlaw'r llanw.

Roedd deddf leol 1935 yn golygu na ellid trosglwyddo trwyddedau cwrwgl o'r naill le i'r llall, gan eu bod yn nyfroedd llanw'r afon, ond yng Nghilgerran caniateid i 5 deiliad bysgota o gwryglau. Yr arfer ar afon Teifi erioed, afon sydd wedi bod yn un heb gyfyngiadau arni (tan 1987), yw bod pob cwryglwr trwyddedig yn gallu cynnwys dau enw arall ar ei drwydded. Diswylir i'r ddau hyn a enwir (yn cael eu hadnabod yn lleol fel 'gwas') dalu swllt i'r cwryglwr trwyddedig a gallai y ddau ohonynt ddefnyddio'r cwrwgl heb fod y cwryglwr trwyddedig yn bresennol

Treillio gyda rhwyd ar afon Teifi, Cenarth

cyhyd â bod dim angen y cwrwgl arno. Yn dilyn deddfwriaeth 1987 rhaid i'r cwryglwr trwyddedig yn awr fod yn bresennol bob amser. Yng Nghilgerran, yn gynnar yn yr ugeinfed ganrif, roedd yn arferol i'r sawl oedd wedi'i enwi ar y drwydded wneud cais am drwydded ei hun ar ôl tri thymor fel gwas. Heb amheuaeth cyfranodd hawliau'r pysgotwyr genwair yn anuniongyrchol i ddiflaniad y cwrwgl o ddyfroedd uwchlaw'r llanw ar afon Teifi. Fel y mae adroddiad ar bysgodfeydd eogiaid yn cofnodi 'There is no doubt that interest in angling has vastly increased of recent years and that the increase is continuing; anglers contribute greatly to the tourist industry and to the fishing tackle trade; some pay rates on sporting property to local authorities in whose area their waters lie and most contribute substantially to the funds of river boards through licence duties. On the other hand commercial fishing employs comparatively few people and none of them is employed in the business all the time for there is a close season of at least five months; most of the fishing is done in public waters and there is therefore no contribution to local rates; and the amount of licence duty paid by nets men is only in a few areas a noticeable contribution to the income of the river board'.

Heddiw mae'r tymor pysgota yn ymestyn o'r 1af o Fawrth hyd y 30ain o Awst ; ni chaniateir pysgota gyda'r nos yn y dyfroedd uwchlaw'r llanw yn ôl deddf 1912 ac ni chaniateir pysgota o 6a.m. dydd Sadwrn tan ganol dydd ar y Llun canlynol. Ni chaniateir pysgota yn awr yn ôl deddf mewn dyfroedd uwchlaw'r llanw. Cyfyngir y rhwyd i 20 troedfedd o hyd a dyfnder o 3 troedfedd 9 modfedd gyda rhwyllau 2 fodfedd i'r we fras. Rhaid i'r cwrwgl a'r rhwyd (magal) gael rhif trwydded.

Heddiw gwerthir yr helfa o eogiaid yn lleol, ond yn ystod chwarter cyntaf yr ugeinfed ganrif, roedd dau werthwr pysgod yng Nghilgerran ac un yn Aberteifi, a fyddai'n ymweld â glan yr afon yn gyson i brynu helfa o eogiaid. Yn yr ugeinfed ganrif, er enghraifft, byddai masnachwyr yn ymweld â glannau'r afon yn ddyddiol, gan dalu tua 2 swllt a 6 cheiniog neu 3 swllt y pwys am yr eog.

Heddiw, rhan amser yw'r pysgotwyr gyda chwrwgl i gyd ond tan 1939 roedd pysgotwyr gyda chwrwgl yn gweithio'n llawn amser ar yr afon yn arferol. Yn ystod y tymor pan na chaniateid pysgota, byddai llawer yn mynd i weithfeydd glo de Cymru neu yn cael eu cyflogi'n lleol fel chwarelwyr neu'n cael gwaith yn dal cwningod.

Roedd y cwryglau a ddefnyddid ar afon Nanhyfer yng ngogledd Sir Benfro yn debyg i rai afon Teifi, ond hyd yn oed yn anterth y pysgota gyda chwrwgl yn chwe degau'r bedwaredd ganrif ar bymtheg, nid oedd mwy na 4 cwrwgl, wedi'u lleoli yn Nhrefdraeth, yn gweithredu uwchlaw llinell y llanw. Roedden nhw a'r pysgotwyr sân bob amser yng ngyddfau ei gilydd oherwydd bod 'the men that fish the sand and those who fish the river are quite different men; the coracles belong to the men who fish the river and they are the men who give the most trouble; the men at the mouth of the river are fair fishermen'.

Rhwyd Cwrwgl Teifi

Mae rhwyd cwrwgl Teifi yn 20 troedfedd o hyd a heb fod yn fwy na 3 troedfedd a 9 modfedd o ddyfnder. Gall rhwyllau'r fframwaith amrywio o ben i waelod y rhwyd, ac o ganlyniad gall fod rhes uchaf y rhwyllau, wedi'u stwfflo gyda'r trydydd i'r rhaff ben, yn ddim mwy nag ychydig o fodfeddi o led, tra bod gweddill y rhwyllau o'r maintioli cyfreithlon. Wrth ei defnyddio, caiff rhes uchaf y rhwyllau ei hymestyn fel ei bod yn gyfochrog â'r rhaff ben, ac felly mewn gwirionedd mae'r fframwaith yn ymddangos fel wal o rwyllau mân pan gaiff y rhwyd ei thynnu drwy'r dŵr. Yn Llechryd mae rhes waelod y rhwyllau a'r fframwaith ('y fras' neu'r 'cefen') dipyn yn fwy na'r un yng Nghilgerran neu Genarth, oherwydd natur greigiog y gwaelod yn y rhan honno o'r afon. Mae angen $1^1/_2$ pwys o gywarch i wneud rhwyd cwrwgl ond gall rhwyllau'r rhwydi hynny amrywio yn ôl adeg y flwyddyn pan gaiff ei defnyddio. Ym mis Mawrth ac Ebrill pan ddisgwylir llu o eogiaid mawr, defnyddir rhwyllau mân 6 modfedd, tra ym mis Mai a Mehefin, mae rhwyllau llai yn angenrheidiol i ddal eogiaid bach ('Meillion Mai').

Mae'r rhaff droed ('blwm-ffun') wedi'i gwneud o blethen tair haenen o flew ceffyl, sydd ddim yn amsugno dŵr a rhoddir plwm arni yn gyson.

Caiff darnau o blwm wedi'u torri o ddarn mawr ar siâp hirsgwar 2 fodfedd wrth ½ modfedd eu rhoi yn eu lle ar y rhaff droed. Pan mae'r llanw yn uchel rhaid ychwanegu mwy o bwysau i'r rhwyd i sicrhau ei bod yn suddo'n iawn yn y dŵr. Caiff y rhwyd ei hongian o raff ben ('ffenest-ffun') sydd hefyd wedi'i gwneud o dair haenen o flew ceffyl, ac yn ôl un pysgotwr o Gilgerran 'dylai fod yn gulach na'm bys bach'. Cysylltir hon wrth y rhwyd bob yn dri neu bedwar rhwyll. Ar rwydi afon Teifi ni chaiff cyrc eu rhoi ar rwyd y cwrwgl. Caiff lein dreillio ('traill-ffun') ei chysylltu ag un ar ddeg neu fwy o gylchoedd corn, wedi'u rhoi ar y rhaff ben ac yn rhedeg ar ei hyd. I wneud y cylchoedd hyn, caiff corn buwch ei ferwi nes ei fod yn feddal a chaiff ei siapio ar ddarn o goed. Yna caiff y corn ei lifio yn gylchoedd ½ modfedd. Ar un pen caiff y lein dreillio ei gwneud yn sownd wrth gylch corn sefydlog sydd wedi'i glymu wrth y rhaff ben; clymir y pen allanol wrth y rhai olaf o'r cylchoedd rhedeg ar y pen gyferbyn â'r rhwyd. I'r union gylch cysylltir un pen o lein bysgota fawr ('ffun fowr') tra bo'r pen arall yn rhydd. Mae'r lein bysgota dipyn yn fwy trwchus na'r leiniau eraill yn y rhwyd 'tair gwaith trwch y bys bach' ac fel arfer mae wedi'i blethu o chwe chudyn o flew ceffyl. Mae'r cylchoedd corn wedi'u cysylltu wrth y rhaff ben gyda thua 22 modfedd rhyngddynt. Lled y rhwyd ei hun yw tua 90 rhwyll ac ar afon Teifi caiff ei fesur yn ôl y gwrhyd (h.y. 'gŵr' (dyn) a 'hyd' – y pellter a fesurir pan mae dyn a'i freichiau ar led.) Dylai'r lein bysgota rhwng ymyl y rhwyd a'r cwrwgl fod yn ddau wrhyd o hyd.

Pan mae'n cael ei defnyddio, caiff y rhwyd ei chario i lan yr afon ar ben y cwrwgl sy'n cael ei gario dros ysgwyddau'r pysgotwr sydd ar ochr dde'r ddau gwrwgl. Y partner hŷn sydd bob amser yn cymryd ochr chwith y lan, a'i waith ef gan amlaf yw tynnu'r rhwyd i mewn wrth bysgota. Ar ôl cyrraedd glan yr afon caiff y rhwyd ei gosod yn ofalus ac mae'r ddau gwrwgl yn mynd i mewn i'r afon gan fynd gyda llif canol yr afon. Dywedodd un pysgotwr,'bydd y cwryglau tua phedair neu bum llath oddi wrth ei gilydd'. Bydd y rhwyd rhyngddynt, y pysgotwr llaw chwith yn dal y lein bysgota a'r rhaff ben, a'r pysgotwr llaw dde yn dal y lein bysgota yn unig. Wrth i eog daro yn erbyn y rhwyd, mae'r dyn llaw dde yn taflu'r lein bysgota ac mae'r rhwyd yn cau wrth i'w bartner ei thynnu i mewn i'w ochr ef o'r afon. Wrth i'r dyn llaw chwith dynnu'r rhwyd i mewn, daw'r cwrwgl llaw dde i fyny y tu ôl iddo, gan afael yn fframwaith y cwrwgl arall i'w arbed rhag mynd gyda llif yr afon ('colli dŵr'). Yn groes i'r gred gyffredin, ni welir eog byth 'yn llamu yn yr afon'; os gwelir un, celt ydyw heb amheuaeth, ac nid yw'n werth ei ddal. Felly dyma sut mae rhwyd y cwrwgl yn gweithio -- lle mae'r lein bysgota yn cael ei thaflu gan un pysgotwr, mae'r llinynnau sydd ynghlwm wrth y cylchoedd cyrn yn cau gyda'i gilydd ar hyd y brif lein, ac felly'n dod â'r rhwyllau sydd o'u cwmpas at ei gilydd. Yn eu tro mae'r rhwyllau mân yn dod at ei gilydd fel bod yr eog yn cael ei ddal mewn bag wedi'i wneud o'r rhwyllau mân a'r gorchudd. Ar ddiwedd y traill mae'r ddau bysgotwr yn dod i'r lan; maent yn halio'r cwryglau ar eu hysgwyddau ac mae'r partner hŷn yn gosod y rhwyd a'i thaflu ar ben cwrwgl ei bartner. Yna maent yn cerdded yn ôl unwaith eto i ddechrau'r treillio.

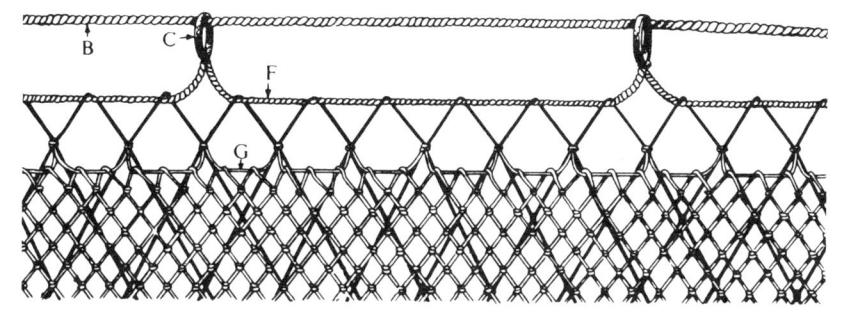

Manylu ar frig rhwyd cwrwgl Teifi: B rhaf ben (ffun fowr); C cylch corn; F lein law (lein dreill); G cyplu

Un o gwryglwr Cilgerran, 1970au

Pennod 4

Cwrwgl Tywi

Ar afon Tywi yn y rhannau o'r afon islaw tref Caerfyrddin, mae trwydded pysgota gan ddeuddeg pâr o gwryglau. Caiff y rhan fwyaf o'r pysgota ei wneud gyda'r nos rhwng hen orsaf y rheilffordd yng Nghaerfyrddin ac aber yr afon dair milltir i fyny'r afon o Lanyfferi.

Bu lleihad mewn pysgota gyda chwrwgl ar afonydd Tywi a Theifi fel ei gilydd. Er nad oedd cyfyngu ar y nifer o gwryglau oedd yn gweithredu ar yr afon ar ddechrau dau ddegau'r ugeinfed ganrif, nid oedd nifer y cwryglau a ddefnyddid yn fwy na 48 o barau. Fodd bynnag, erbyn diwedd y ddegawd roedd nifer y trwyddedau wedi lleihau i 25, ac erbyn 1939 12 trwydded yn unig a roddwyd. Ers hynny mae'r nifer wedi para'n ddigyfnewid, gan fod rheoliadau pysgodfeydd yn nodi y gellir rhoi trwyddedau newydd cyhyd â bod dim mwy na chyfanswm o 12 trwydded. Gall pob cwryglwr trwyddedig enwi hyd at dri dyn arall ar ei drwydded, ond rhaid iddo fod yn bresennol ei hun yn ystod sesiwn bysgota. Fodd bynnag, o'i gymharu â chyfanswm y pysgotwyr a oedd yn gweithredu yn y bedwaredd ganrif ar bymtheg, bu lleihad sylweddol ers 1918. Yn ôl un tyst i'r Comisiwn Brenhinol yn 1861, daliwyd cymaint o eogiaid gan bysgotwyr gyda chwrwgl fel eu bod yn cael eu 'salted and sold as dry fish in the town and country and sent away. They used to be hawked about the streets' (rhai Caerfyrddin) 'by the fishermen's wives and by the fishermen and in the country along the side of the Tywi'. Nododd tyst arall i'r Comisiwn fod cymaint o bysgota ar afon Tywi fel bod prinder eogiaid yn ardal Caerfyrddin. Priodolodd hyn i 'the opening of the railways... Those who catch the fish now have a certain instead of uncertain market... Our local supply has been more affected by railways than any other cause'. Amcangyfrifwyd bod tua 'two hundred coracle men on the river who had no other employment but salmon and sewin fishing' yn chwe degau'r bedwaredd ganrif ar bymtheg.

Mae hanes pysgota gyda chwrwgl ar afon Tywi fel ar afonydd eraill gorllewin Cymru yn aneglur, ond erbyn tro'r ddeunawfed ganrif roeddent mor gyffredin yng Nghaerfyrddin fel 'na allant yn hawdd osgoi sylw'r twristiaid'. Mae Wyndham yn 1781 yn disgrifio sut mae 'The fishermen in this part of Carmarthenshire use a singular sort of boat called coracles. They are generally 5½ feet long and 4 broad, their bottom is a little rounded and their shape nearly oval. These boats are ribbed with light laths or split twigs, in the manner of basket work, and are covered with raw hide or strong canvas, pitched in such a mode as to prevent

Dau 'frenin' afon Tywi yng Nghaerfyrddin, 1960au

them leaking. A seat crosses just above the centre, towards the broader end. They seldom weigh more than between 20 or 30 pounds. The men paddle them with one hand while the fish with the other'. Mae John Evans yn ystod ei daith i afon Tywi yn disgrifio pysgotwyr gyda chwrwgl fel 'the Caermarthen victuallers... on account of the quantities of salmon they supplied to the town'. Yn ôl Ail Adroddiad Blynyddol Arolygwyr Pysgodfeydd Eogiaid 'within the bay and tidal portions of the river no less than 400 men have for some years supported themselves and their families, two thirds of the year, on the produce of the salmon and sewin fisheries'. Roedd y rhain yn cynnwys '12 i 15 rhwyd hir' yn ogystal â rhwydi cwrwgl. Roedd yr Adroddiad yn mynd yn ei flaen i ddweud 'The coraclers work in pairs, two of these hide boats with a man in each and a net stretched between them, drop down with the current. When a fish strikes they paddle rapidly together, and the fish and net are instantly landed in one coracle or the other'. Yn yr Adroddiad disgrifiwyd cwryglwr afon Tywi yn un 'lawless and often aggressive, he poaches private waters for years and claims a prescriptive right; he uses violence if he be very strong, he threatens if his opponent be not so much weaker than himself as to make violence safe. A man of some property in this part of the country told me that they had encroached his water and taken possession of it that he did not dare to interfere, for they would burn his stacks. This year, on the Tywi, they went in a body to Ferryside, where the long-net men mostly live, attacked the men and destroyed their nets... The evil is at present grave'. Yn gynharach, yn ôl Adroddiadau 1847 ar Addysg yng Nghymru, roedd bywoliaeth tua 1,500 o bobl Caerfyrddin yn dibynnu ar bysgodfeydd ar afon Tywi, 'and as their work was seasonal, they were frequently destitute on that account as well as because of their improvidence'.

Mae cwrwgl afon Tywi yn hirach ac yn fwy cywrain na chwrwgl byr, sgwat afon Teifi. Mae'r canlynol yn esiamplau o fesuriadau tair enghraifft nodweddiadol: (Rhif Cofnodi Derbynion 32-250/10) yn dyddio o ddau ddegau'r ugeinfed ganrif. Mesurwyd Cwrwgl B a Chwrwgl C gan Hornell,

	A	B	C
Hyd o ben i ben	67 in	68 ½ in	64 in
Lled mwyaf (yn ymyl y pen blaen)	43 ¾ in	40 ½ in	40 in
Lled (wrth y sêt)	40 in	39 in	39 in
Dyfnder (o ganol y cwch i'r ffrâm)	15 ¼ in	15 ½ in	16 ½ in
Uchder o ben blaen y gwaelod	15 ½ in	16 in	18 in
Uchder o ben ôl y gwaelod	13 in	18 ½ in	20 in
Lled y sêt	10 ½ in	10 ½ in	11 in
Pwysau	32lb	31 ½ lb	28lb

Mae cwryglau afon Tywi yn wahanol o ran eu gwneuthuriad i gwryglau afon Teifi fel a ganlyn:
1. I wneud fframwaith y cwrwgl, defnyddir estyll wedi'u llifio neu eu hollti o goed onnen neu helyg yn hytrach na gwiail wedi'u hollti o goed helyg. Fel ar afon Teifi defnyddir saith astell hir a saith astell ar draws, ond ar gwrwgl afon Tywi 'the fore compartment is strengthened, not by doubling the three transverse frames, but by interlacing four short lengths ('ise dan drâd') of lath alternately with the first four tranverse frames. The accessory laths do not extend up the sides'.
2. Mae strapen gario lledr ('strapen gwddwg') yn cymryd lle gwden bleth helygen, onnen neu'r dderwen cwrwgl afon Teifi.
3. Ni cheir bandyn wedi'i blethu i gryfhau cefn y ffram waelod fel y ceir ar gwrwgl afon Teifi.
4. Er bod gorchudd o ddeunydd sy'n dal dŵr a ffram wedi'i wneud o estyll wedi'u llifio wedi cymryd lle'r rhai o goed cyll neu goed helyg yn

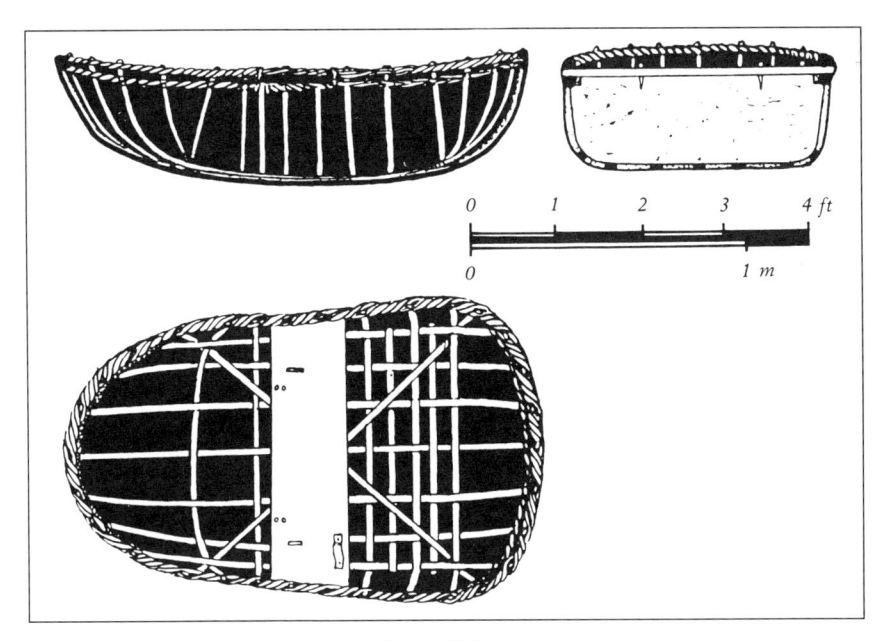

Cwrwgl Tywi

ddiweddar, nodwedd arbennig cwrwgl afon Tywi mewn esiamplau hŷn yw'r ffram blethedig amlwg. Er nad yw'r ffram yn ddyfnach na ffram cwrwgl afon Teifi, mae'n ymddangos felly, gan nad yw wedi'i gorchuddio gan gynfas pyg. Ar gwrwgl afon Teifi mae'r calico wedi'i glymu dros ben y ffram gyda weiren, ond ar gwch afon Tywi mae wedi'i droi'n ôl a'i glymu gyda chortyn wrth fframiau'r estyll islaw pen y ffram. Digwydd hyn gan nad yw gwneuthurwr cwryglau afon Teifi'n defnyddio hoelion wrth adeiladu cwrwgl.

5. Mae gan gwrwgl afon Tywi fandyn o onnen hanner cylch ('gwragen') ar y tu allan wrth ben y cwch i ddiogelu'r blaen, lle mae'r mwyaf o draul.

6. Mae pen ôl y set yn cael ei dal i fyny ar astell bren gadarn ('astell orles') sy'n cael ei chadw yn ei lle gyda thri pheg hir, wedi'u taro i mewn drwy'r set. Defnyddir yr astell i gario'r rhwyd neu eog ac mae gwahaniaeth sylweddol rhyngddi a'r rheiliau unionsyth sy'n dal set cwrwgl afon Teifi yn eu lle. Caiff gwaelod yr astell ei weirio neu ei glymu wrth y prif estyll.

I wneud cwrwgl afon Tywi, dewisir estyll o goed onnen yn hytrach nag estyll o goed helyg, ac o bolyn onnen 6 modfedd ar ei draws mae'n bosibl cael 30 o estyll. Caiff yr onnen ei thorri yn ystod misoedd y gaeaf, ac ar ôl eu hollti gyda bilwg neu eu llifio yn y melinau lleol, gosodir yr estyll mewn dŵr rhedegog am ddau neu dri diwrnod, fel eu bod yn haws eu plygu. Plethir y saith astell hir, y saith astell ar draws a'r ddwy astell

Cwrwgl Tywi

letraws, a phob un yn 1⅛ modfedd i 1¼ modfedd o led, yn eu lle ar ddarn o dir gwastad. Ni ddefnyddir byrddau na llawr pren byth gan adeiladwyr cwryglau afon Tywi. 'Instead of fixing their position by superimposed weights' (fel ar afon Teifi) 'the main crossings, those near where the laths are to be bent up are kept immovable by means of forked pegs, called hooks, driven into the ground in such a way that the forked ends straddle the crossings of the laths at all imortant points. From ten to sixteen of these hooks are used as available'. Yn gyntaf, i gyd plygir tuag i fyny'r ddwy asen draws ganol a chaiff y set, sydd wedi'i gwneud fel arfer o binwydd cochfrig neu goed meddal ysgafn, ei gosod yn ei lle. Yna plethir y ffram gyda dwy bleth uwchben ac o dan y set. Caiff gweddill yr estyll o goed onnen eu plygu a'u rhoi yn y ffram. I wneud ffram un cwrwgl mae angen roden o goed cyll 8 troedfedd o hyd a 'thrwch bys' a thua 45 roden o goed cyll heb risgl. Gosodir y rhain mewn dŵr am dri neu bedwar diwrnod cyn eu plethu. Mae ffram blethedig cwrwgl afon Tywi yn cynnwys tair pleth amlwg ond ni chaiff y bleth olaf ei gosod nes bod y sawl sy'n gwneud y cwrwgl yn hollol fodlon ar siâp y ffram.

Mae angen pum llathen o galico heb ei liwio i orchuddio ffram ('ofel') cwrwgl afon Tywi. Caiff hwn ei dorri i siâp, fel arfer gwaith y merched, a chaiff y calico ei wnïo ar y ffram, gan wneud yn siŵr bod y gorchudd yn dynn. Ar ddiwrnod braf, caiff pŷg ei roi ar y cwrwgl a gosodir strapen ledr yn y set ar gyfer cario'r cwrwgl.

Yn wahanol i gwrwgl afon Teifi, mae gan gwrwgl afon Tywi ffiol pren, wedi'i durnio rhyw ychydig, sy'n angenrheidiol ar gyfer gwaith yn aber yr afon, lle mae'r dŵr yn gallu bod yn arw. Mae rhwyf cwrwgl afon Tywi yn arbennig o hir 'measuring overall 5 feet 1½ inches. The blade, including the well-sloped shoulder, is 2 feet 6 inches long, the loom 3 feet 7 ½ inches. The sides of the blade are parallel; in section it is slightly bi-convex. The loom is cylindrical in section and of equal diameter throughout; it is without either crutch or knob at the fore end'. Gwneir y rhwyfau eraill naill ai o goed derw neu onnen – y derw o ddewis. Fel arfer gwneir y clwb pren neu'r cnocer hyd at 15 modfedd o hyd, o binwydden býg. Gwell gan rwydwyr Caerfyrddin y binwydden byg na'r pren bocs, sy'n galetach o lawer ac yn debygol o ddifetha golwg yr eog. Caiff y cnocer a'r ffiol eu cario o dan fandiau lledr ar y set. Disgwylir i gwrwgl Caerfyrddin bara am o leiaf bedwar tymor pysgota, ond mae ei orchuddio â phýg yn hanfodol. Weithiau rhaid adnewyddu pleth uchaf y ffram blethedig, hwyrach ar ôl dwy flynedd, proses a elwir yn 'ail-godi'. Pan na fydd

William Elias, Caerfyrddin

defnydd pellach i'r cwrwgl, yr arfer yw ei losgi ar lan yr afon.

Ar afon Tywi mae'n arfer i bysgotwyr roi cwryglau bach i'w plant. Dywedodd un person, 'Pan oeddwn yn naw neu ddeg oed, caniatawyd i fi fynd ar yr afon yn fy nghwrwgl fy hun, clymwyd rhaff o'm cwmpas ac o gwmpas set fy nghwrwgl a'i chysylltu wrth gwrwgl fy nhad. Dysgwyd fi sut i rwyfo gyda strôc debyg i ffigwr wyth. Wrth i fi dyfu, rhoddwyd cwrwgl mwy i fi bob blwyddyn hyd nes oeddwn yn bedair ar ddeg neu bymtheg oed, pan roddwyd cwrwgl llawn maint i fi'.

Mae pysgota ar afon Tywi yn digwydd gyda'r nos, a gelwir dechrau tymor pysgota min nos yn 'clyfwchwr'. Ar noson glir gall pysgota ddechrau cyn gynted â bod 'saith seren yn ymddangos yn y wybren'. Roedd y rhan oedd yn cael ei physgota yn cynnwys nifer fawr o byllau, o'r tŷ pwmp yn agos i hen orsaf rheilffordd Caerfyrddin hyd at ymyl yr aber. Mae traill bob amser yn dechrau yn agosach i ochr dde glan yr afon, a ddisgrifiwyd fel 'Ochor Tir', yn hytrach nag yn agos i lan arall yr afon. Ar ddiwedd y traill mae'r pysgotwyr yn cerdded yn ôl i'r man cychwyn ar 'ochor tir' yr afon, gan fod nifer fawr o nentydd bach neu 'biliau' yn ymuno â'r afon Tywi ar lan chwith yr afon. Fel ar afon Teifi, rhennir yr afon yn nifer o fwriau gyda chyfres o byllau pysgota, sydd wedi bod yno ers amser, rhwng Pont Caerfyrddin ('Bont Gaer') a'r môr. Y prif rai yw: Gwaith Tun neu Tŷ Pwmp (Rhan Uchaf), Cerrig, Cerrig, Pwll-y-Baw, Gwar Ddarwen, Bwthyn Tywi, Pen-y-Morfa, Pil-y-Cathe, Bloiant, Pil-y-Drwgwns, Brig-y-Bricyard, Towyside, Pwll-y-Bont,Myneni, Llefach, Pwll-y-Gas, Llyn Howell, Pwll-y-Bont, Gwar Pil-Offi, Pil-Offi, Dwfnde, Pwll Stafell, Gwar Stafell, Bwlch Gwaruchaf, Gwarisaf, Llyngoy, Brig y Bwtri, Bwtri, Cornel, Gwar, Gwter, Pwll Jinnieban, Gwar Garw(Heol Llansteffan), Gwar Garw(Afon Pibwr), Gwar Uchaf, Pwll Du (Longreach), Pwll Du (Heol Llansteffan), Gwar Uchaf, Pwll Du, Gwar Gored, Gwar Tom, Blocyn Bil Rees, Coch y Barlais, Penyclun, Y Parrogs (rhan isaf), Allt y Warddon, Banc yr Alma.

Nid yw pob bwrw a ddefnyddid yn y gorffennol yn cael eu defnyddio heddiw a chaiff y mannau cychwyn fel arfer eu cyfyngu i Llyn Goy, Llyn Hywel Gwarfinen a Llyn-Fach. Roedd rheolau haearnaidd rhagorfraint a blaenoriaeth, a oedd mor amlwg ymhlith cwryglwyr Cenarth, Aber-cuch, Llechryd a Chilgerran, bob amser wedi'u datblygu'r un mor dda yng Nghaerfyrddin. Y pâr cyntaf o gwryglau ar lan yr afon, gyda rhwyd yn ei lle y tu mewn i un ohonynt, yw'r cyntaf i ddechrau'r treillio. Mae'n bwysig i'r rhwyd fod y tu mewn i'r cwrwgl neu bydd y pâr yn colli eu tro. Ar ôl i'r pâr cyntaf symud gyda'r trai 'i gyfeiriad y pysgod' sy'n nofio i fyny'r afon, am tua 200 llath, neu yn un â rhyw fan penodedig ar lan yr

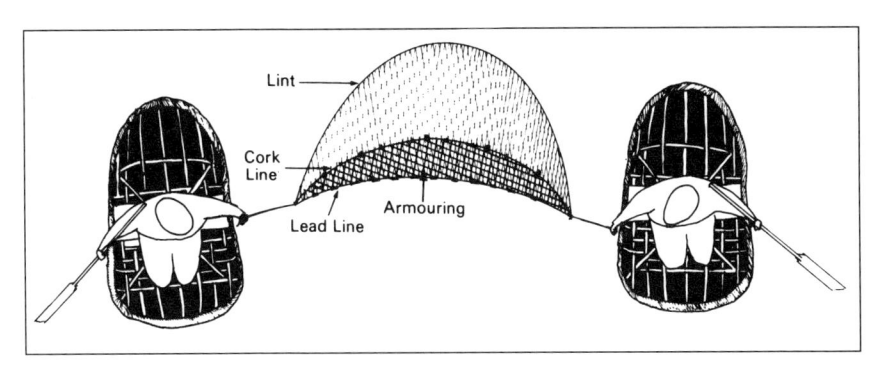

Pysgota â chwryglau

afon, fel coeden arbennig neu graig, bydd un o'r cwryglwyr yn taro'i gnocer yn erbyn ochr ei gwch. Dyma arwydd i'r ail bâr o gwryglau yn y ciw ar lan yr afon fynd i mewn i'r dŵr. Yn y gorffennol ystyrid hi'n anaddas i gwryglwyr siarad wrth fynd gyda'r llif, ond cyn gynted â bod pysgodyn yn taro yn erbyn y rhwyd, deuai gwaedd oddi wrth un o'r pysgotwyr 'na fe na fe', a byddai'r pâr o gwryglau yn cael eu halio'n gyflym at ei gilydd.

Caiff yr eog ei daro ar ei ben a'i roi mewn bocs dan y set. Cyn 1939 ystyrid hi'n anlwcus i guddio eog ar lan yr afon tra bod y cwryglwyr yn dal i bysgota, ac nid oedd yn anarferol i gwrwgl gario cymaint â 80 pwys o eogiaid tra bod y pysgota yn mynd yn ei flaen. Fodd bynnag, heddiw, caiff eog sydd wedi'i ddal ei guddio ar lan yr afon a'i gasglu yn nes ymlaen.

Wrth halio rhwyd, y partner agosaf at y pysgod sy'n gyfrifol am halio'r rhwyd i'w gwrwgl a symud ymlaen yn gyflym tuag at ei bartner. Fel arfer, ond nid bob tro, y partner llaw chwith fydd yn dal y lein bysgota ('dreiffun') a'r lein dreillio ('llaw ffun') yn ei law dde ac mae'n well gan rai pysgotwyr safle'r llaw chwith tra bod yn well gan bysgotwyr eraill safle'r llaw dde. Mae un pysgotwr, er enghraifft, yn dweud, 'Rwyf bob amser wedi pysgota gyda'r llaw chwith ac rwyf yn hollol fyddar gyda'r dde, gan na allaf deimlo pysgodyn gyda'r llaw dde ar unrhyw adeg. Os yw fy mhartner hefyd yn gyfarwydd â physgota gyda'r llaw chwith, bydd rhaid i mi fynd i lawr gyda'r llif gyda fy nghefn tuag at fy mhartner, fel y gallaf ddal y rhwyd yn fy llaw chwith'.

Mae sesiwn bysgota ar afon Tywi yn ymestyn o fin nos hyd at doriad gwawr, a'r sesiwn fel arfer yn dod i ben tua 4 a.m. Ystyrir afon Tywi yn afon dda am sewin. Yn 1969, er enghraifft, daliodd y cwryglwyr 1,470 o sewin o'i gymharu â 257 o eogiaid. Cymaint yw pwysigrwydd y sewin ar afon Tywi fel bod enwau penodol yn cael eu defnyddio i nodi pwysau'r pysgod a ddaliwyd. Disgrifir sewin yn pwyso rhwng 3 pwys ac 20 pwys yn 'gwencyn'; mae 'twlpyn' yn pwyso 2 pwys i 3 phwys tra bod sewin llai na 2 bwys yn cael ei ddisgrifio fel 'shinglin'.

Rhwyd Cwrwgl Tywi

Er bod rhwyd cwrwgl Tywi yn debyg i rwyd afon Teifi, o ran y cynllun cyffredinol a'r ffordd y caiff ei defnyddio, ceir gwahaniaethau o ran y manylion. Os na chaiff rhwyd afon Tywi ei gosod yn gytbwys ni fydd yn pysgota'n iawn ac felly, yn ôl un pysgotwr gyda chwrwgl, 'the arithmetic must be right. Generally speaking the bottom of the armouring is set in by the third and the head of the armouring slightly less than the third. The lint is set slighly less than the half'.

Wrth baratoi rhwyd cwrwgl Tywi rhaid i'r leiniau pysgota, sydd wedi'u gwneud o flew cynffon ceffyl, gael eu paratoi yn gyntaf. Mae'r broses o baratoi'r rhain yn union yr un broses ag a ddefnyddid gan gwryglwyr afon Teifi, ar wahân i'r defnydd o flew buwch ar afon Tywi, tra bod blew ceffyl yn cael ei ddefnyddio ar afon Teifi. Mae'r lein ben, y lein bysgota, y lein droed a'r lein dreillio wedi'u gwneud o edau teircainc tra bo'r ail lein blwm yn edau dwy gainc. Caiff y blew ei dorri o gynffon buwch a gorau po hiraf yr edau blew. Ar ôl cael ei olchi'n lân a'i bigo, ceir gwared ar y blew dianghenraid, rhoddir y bwnshyn blew mewn powlen fas o ddŵr a'i orchuddio gyda phwysau trwm. Ar ôl ei roi yn wlych mewn dŵr am beth amser, caiff y blew ei wehyddu yn rhaff un gainc, heb fod yn fwy nag wythfed ran o fodfedd ar ei hyd. I wneud hyn defnyddir nyddwr rhaff pren ('trwc') ac ar ôl i tua phymtheg gwrhyd o raff un gainc gael ei nyddu caiff ei drosglwyddo i ail 'drwc' petryal. Dywed Raymond Rees, cwryglwr o Gaerfyrddin 'the single ply rope is folded in half at the 30 yard mark and this end tranferred to a third trwc. Spinning can now commence to form a two-ply rope. At the end of the original measured length, the rope is again folded and the work is completed to form the third ply. This is a three-man job and a set of 'ffuniau' for a coracle net usually takes about ten days to complete'. Gwneir y rhaffau i gyd o flew brown tywyll neu ddu, ac eithrio'r leiniau llaw a threillio, sydd gan amlaf wedi'u plethu o flew llwyd neu wyn. Wrth bysgota gyda'r nos, mae'n bwysig gwahaniaethu rhwng y naill lein a'r llall. Mae'r olew naturiol sydd mewn blew buwch yn peri i'r leiniau ddal dŵr ac yn arbed iddynt rhag tynnu at ei gilydd heb angen. Mae'r cordeddu sy'n digwydd wrth wneud lein yn arbed iddi rhag mynd yn llac, ac yn rhoi cryfder iddi; er bod y leiniau o flew buwch yn gryf iawn, gallant gael eu torri os bydd y rhwyd, yn enwedig y lein droed, yn cael ei dal gyda sbwriel ar waelod yr

Cerdyn post, gyda'r marc post '1939' arno

afon. Mae'r rhinwedd arbennig hon yn holl bwysig os yw'r rhwyd i'w harbed, er gyda dyfodiad diweddar ddeunyddiau synthetig, mae'r prif leiniau mor gryf fel bod rhaid i'r rhwyd gael ei thorri'n rhydd o'r hyn sy'n ei hatal, ac fel arfer mae'r rhwyd wedi'i difetha'n llwyr.

Ar ôl i brif raffau'r rhwyd ('ffuniau'), gael eu gwneud o flew buwch, y cam nesaf wrth wneud y rhwyd yw paratoi'r rhwyd fân. Mae maint y rhwyllau yn dibynnu ar adeg y tymor. Yn ystod misoedd Mawrth ac Ebrill, maint rhwyllau'r rhwyd fach yw 4½ modfedd, wedi'u gwneud o edau lliain trwchus, maint 10/3 neu neilon Rhif 53. Yn ystod misoedd Mai a Mehefin mae'r pysgod yn dechrau mynd yn llai o ran maint ac mae angen rhwyll 3 modfedd. Caiff hwn ei wneud o edau lliain 12/3 neu neilon Rhif 43. Ym misoedd Gorffennaf ac Awst mae sewin bach yn ymddangos a chaiff y rhwyd fach â rhwyllau 3 modfedd ei gwneud o edau lliain 18/3 neu neilon Rhif 33. Gelwir y math hwn o rwyd â rhwyllau mân yn 'gwangrwyd'. Nid yw pysgotwyr gyda chwrwgl Caerfyrddin yn fodlon defnyddio rhwydi â rhwyllau man cyn diwedd cyfnod y llysywod lamprai tua chanol mis Mehefin. Mae pysgotwr sy'n defnyddio rhwyd fawr rwyllog yn gwybod pryd i newid am rwyd fwy mân, oherwydd 'mae e'n teimlo'r pysgod yn mynd trwy rwyd â rhwyllau bras y tymor cynnar'. Fel ar afon Teifi, partner hŷn y pâr sy'n cymryd ochr chwith yr afon wrth bysgota. O dan ddeddfwriaeth newydd (1987) rhaid i'r pysgotwr trwyddedig fod yn bresennol bob amser. Gall unrhyw ddau aelod o dîm, bysgota cyhyd â bod ganddynt dag pres, ac arno rif y drwydded sydd ar y rhwyd. Gall pob tîm fod yn berchen ar ddwy neu dair rhwyd o bob maint, a gellir defnyddio un rhwyd ar gyfer pysgota bob nos, hyd nes y bydd yn methu â dal pysgodyn ar noson arbennig. Bryd hynny mae'n arferol i roi rhwyd arall yn ei lle, hyd nes ei bod hithau'n methu â dal pysgodyn.

Wrth wneud rhwyd gyda rhwyllau 3 modfedd o liain neu gywarch, caiff brêd ei osod ar y rhwyd fan – 340 rhwyll o led 34 rhwyll o ddyfnder. Ar ôl ei chwblhau mae'n cael ei gwneud yn llai trwy ei rhoi mewn dŵr poeth ac oer bob yn ail, ac yna yn cael ei mesur i sicrhau fod 4 rhwyll lawn yn mesur dim llai na 12 modfedd (h.y. 4 x 3 modfedd). A chymryd yn ganiataol fod y pedair rhwyll yn mesur deuddeg modfedd, gellir mynd ymlaen i wneud y fframwaith. Mae maint rhwyllau'r fframwaith yn dibynnu ar y rhwyd fân ac mae rhaid iddi fod yn hanner modfedd yn llai na phedair rhwyll y rhwyd fân. Felly mae'n rhaid i'r fframwaith gael rhwyllau o $11\frac{1}{2}$ modfedd o gwlwm i gwlwm. Mae hyd a dyfnder y fframwaith hefyd yn dibynnu ar y rhwyd fân. Gan fod pedair rhwyll y rhwyd fân yn gyfartal i un rhwyll y fframwaith, yna mae hyd y rhwyd fân (320 o rwyllau), wedi ei rhannu â 4, yn gyfartal â hyd y fframwaith, hynny yw 80 o rwyllau. Mae dyfnder y fframwaith unwaith eto yn cael ei benderfynu gan y rhwyd fân, gan fod yn rhaid i'r rhwyd fân fod dair gwaith dyfnder y fframwaith. Darganfuwyd trwy arbrofi fod y rhwyd orau wedi'i gwneud o rwyllau $4\frac{1}{2}$ o ddyfnder, gyda phob rhwyll yn $11\frac{1}{2}$ modfedd sydd o fewn y dyfnder uchaf cyfreithlon.

Mae'r edau a ddefnyddid i wneud y fframwaith fel arfer yn llawer mwy trwchus na'r un a ddefnyddid ar gyfer y rhwyd fân, sef 6/4 edau lliain neu neilon Rhif 90.

Caiff y rhwyd fân yn awr ei chlymu wrth y trydydd hanner rhwyll o ben y fframwaith, gan ddefnyddio edau lliain tenau wedi'i blethu. Cysylltir pedair rhwyll y rhwyd fân, mewn cyfres o gylchoedd un ar ôl y llall, wrth bob un o rwyllau'r fframwaith, hyd nes bod pob un o'r 320 rhwyll wedi'u dosbarthu'n gyfartal, bob yn bedwar i'r 80 o rwyllau'r fframwaith. Gelwir y cylchoedd hyn yn 'cwplins'. Y cam nesaf yw cwblhau cwdyn y rhwyd, gan ei gysylltu wrth y rhaff droed. Disgrifia Rees y broses fel a ganlyn: 'To enable the armouring to hang in its correst proportions, that is by the third, it must evenly and accurately be set on

Cwryglwyr Tywi yn regata'r Mwmbwls: Dai Loggles, Wil y Dŵr, Yankee

the foot-rope ('plwm ffun ucha'). To full meshes of armouring (2 x 11½) are divided by three and that measurement (7½ inches) is the division length between each armour length on the footline. Each one of these divisions is known as a 'machogyn'. The second lead line ('plwm ffun isa') is now attached to the first lead line and the bottom lint meshes evenly distributed in fours along its length. The side of the net are then sewn down to form the complete bag of the net'.

Gan fod y rhwyd yn cael ei llusgo drwy'r dŵr ar siâp bwa, bydd rhaid i'r rhaff droed, os yw'r rhwyd yn mynd i weithio'n iawn, fod yn hirach na'r lein gorcyn. Gelwir y gwahaniaeth mewn hyd yn 'moilad'. Yn ôl Rees, 'It has been calculated that for every 20 machogyns on the foot – line the cork line must be 1½ machogyns shorter, thus on a net 80 machogyns long, 80/20 = 4; 4 x 1½ = the moilad or 6 machogyns difference in length'. Cytunir gan bawb mai'r ffigwr yma yw'r mesur pwysicaf yn y rhwyd gwrwgl. Gan fod pob machogyn yn 7 modfedd oddi wrth ei gilydd, rhaid i'r lein gorcyn fod yn 6 x 7½ Yn fyrrach (h.y. 45 modfedd). Mae'r lein gorcyn, wedi ei hymestyn, yn 43 troedfedd, ond oherwydd y bwa wrth bysgota, caiff hyn ei leihau i lai na 33 troedfedd ac ymhell o fewn y cyfyngiadau cyfreithiol.

Yn wahanol i rwyd gwrwgl afon Teifi, mae gan rwyd afon Tywi lein o gyrc ac mae ei gosod yn broses gymhleth. Dosberthir pum corcyn 2 fodfedd yn gyfartal rhwng 10 o gylchoedd corn buwch ar y lein/rhaff gorcyn. Mae'r gosod yn dechrau trwy gysylltu cylchoedd corn, yn cael eu dilyn gyda chorcyn, yna cylch corn, yna corcyn ac yn y blaen gyda chylchoedd corn ar ben y lein (gweler tud. 14 a 44).

Caiff rhwyllau'r fframwaith eu hongian rhwng y gyfres o gyrc a'r cyrn, ac maent bob amser yn cael eu hongian gan ddilyn yr un patrwm – 5, 5, 6, 6, 6, 6, 6, 6; 6, 6, 6, 6, 6, 5, 5, = 80 o rwyllau. Bydd yn bosibl i rwyd gwrwgl gael ei gwneud yn hirach neu'n fyrrach o chwe rhwyll, cyn belled â bod cylch corn a chorcyn yn cael eu hychwanegu neu eu tynnu oddi arni. Mae'r cylch ar ben un ochr y rhwyd yn cael ei glymu i'r rhaff dreillio ('traill-ffun'); mae'r cylch ar y pen arall yn rhydd i lithro a chau'r rhwyd, yn ddigon tebyg i linyn pwrs. Ynghlwm wrth bob un o'r cylchoedd pen mae lein dreillio ('llaw-ffun').

Mae'r rhwyd yn awr wedi'i chwblhau ar wahân i gael ei dal i lawr gan bwysau plwm i sicrhau bod y rhwyd yn pysgota gwaelod yr afon yn effeithiol. Mae'n bwysig iawn ymysg pysgotwyr afon Tywi fod y pwysau hwn o'r un trwch, yr un maint ac yn pwyso'n gyfartal ac nid yw cwryglwyr Caerfyrddin o blaid y ffordd rywsut rywsut o osod pwysau, a arferid gan bysgotwyr afon Teifi. Mae pwysau yn mesur 1 modfedd wrth $\frac{1}{2}$ modfedd o drwch ac yn pwyso 5 neu 6 gram. Maent wedi'u gwneud gyda llaw ar bâr o fowldiau carreg 6 modfedd o hyd wrth 4 modfedd o led, ac ynddynt caiff dwy rigol 1 modfedd o led eu torri. Caiff y plwm ei doddi a'i adael i redeg i mewn i'r rhigolau yn y garreg. Wrth oeri cynhyrchir darnau hirgul, o drwch cyfartal, a gellir torri'r rhain yn hawdd i'r maint angenrheidiol. Wrth osod pwysau mewn rhwyd rhaid cymryd llif yr afon i ystyriaeth, ac felly caiff pwysau eu hychwanegu neu eu tynnu oddi arni. Ar wahan i'r gorlifo, rhaid ystyried llif y llanw ac mae gan bob pysgotwr ei ddull arbennig ei hun sy'n ei alluogi i ddod i benderfyniad ynglŷn â faint o ddŵr sy'n llifo yn yr afon ar unrhyw un adeg. Gall grisiau carreg, pontydd, chwareli a hyd yn oed glannau gwair roi rhyw syniad ynglŷn â llif yr afon, a rhaid gosod pwysau yn y rhwyd yn ôl doethineb y pysgotwr. Unwaith eto, yn ôl Rees, 'The system of weighting adopted at Carmarthen is based on mathematics. Weighting always begins at the dead centre of the plwm ffun, that is on the fortieth machogyn. A single piece of lead is wound around both plwm-ffuniau, and working from the centre a piece of lead is fixed on the right hand side of the mesh to the right of the middle. Another lead weight is fitted on the left side of the mesh to the left of the middle of the net. In the dark, one knows exactly which side is which when fishing. Weighting is continued on both sides from the middle until the ends or âls are reached. As the âls will be close to the coracle, more weights are fixed to the ends than to the middle of the net, to allow for the extra drag'.

Problem fwyaf pysgotwyr gyda chwrwgl yw gosod y pwysau cywir mewn rhwyd, a bwriwyd llawer i rwyd o'r neilltu gan nad oedd yn gytbwys, mewn gwirionedd roedd gosod y pwysau anghywir yn rhan o'u methiant. Mae Raymond Rees yn mynd yn ei flaen i ddweud, 'it was generally accepted that one learnt the leading system parrot fashion, and it was only after careful study that a pattern appeared in the system, and

William Elias

praise must go to the designer of that system, whether by luck or judgement... for he concluded, whoever he was, that if two pieces of lead were placed side by side on the ends, then they should be followed by four single pieces. If three pieces were placed side by side then they should be followed by six double pieces followed by eight single pieces of lead. As the weight of lead in the âls increases, then a balance must be maintained towards the middle. If one fisherman asked how much water was flowing, he would not be answered "6 to 8 inches" but by the number of pieces of lead weight on his net and always in Welsh. For example, he would be answered in ascending order any one of the following: dau-ddau (two twos); tri-dau (three twos); pedwar-dau (four twos); un-tri: pedwar-dau (one three: four twos); dau-tri : pump-dau (two threes: five twos) etc.

'Each side of the net is weighted separately and by experience it has been found that the left hand side is usually a few weight lighter. If, for example, a net is weighted on the right side un-tri: pedwar-dau it would contain 1 x 3, 4 x 2, 6 x 1, blank, one and so on to the middle of the net.

The left side would contain 1 x 3, 3 x 2, 5 x 1, blank, one, blank and so on to the middle. As the flow of water increases, the blanks to the middle are filled: first forming a series of three single leads, then seven. All the blanks are taken up as in unau (ones) after which on every seventh a double is added as in saith a dau (7 x 2) and finally on every third a double weighting tri a dau (3 x 2). The âls or wings are leaded the nomenclature of the various leadings being given as follows

1 x 2: 3 x 1	*un a pob yn ail* through the net
2 x 2: 4 x 1	*un a pob yn ail* through the net
3 x 2: 5 x 1	*un a pob yn ail* through the net
4 x 2: 6 x 1	*un a pob yn ail* through the net
1 x 3: 4 x 2: 6 x 1	*once tri a dim* through the net
2 x 3: 5 x 2: 7 x 1	*twice tri a dim* through the net
3 x 3: 6 x 2: 8 x 1	*3 times tri un a dim* through the net
4 x 3: 7 x 2: 9 x 1	*4 times tri un a dim* through the net
1 x 4: 5 x 3: 7 x 2	*tri-un-a-dim* through the net
2 x 4: 6 x 3: 9 x 2	*full un a dim* through the net
3 x 4: 7 x 3: 10 x 2	*full un a dwy* through the net
4 x 4: 8 x 3: 11 x 2	*full saith a dwy* through the net

'Of course the ends of the net can be made lighter by subtraction and corresponding subtraction from the middle, but that is where the experience and knowledge of river conditions come in.

'I have looked closely at the Tywi and the Taf net and re-designed it. It took me ten years to design this new net which at last conforms with the Water Authority's regulations. The main differences are that the walling now conforms in the respect that it is now 22 inches around the four sides, the slackness is different and its overall length is within the permitted limits of forty feet. The truth of the matter is that hitherto we were working with nets that, strickly speaking, were illegal'.

Mae gosod rhwyd afon Tywi gyda'r mwyaf cymhleth o bob un, oherwydd hyd y gellir casglu, nid oedd fformiwlâu mathemategol cymhleth byth yn rhan o ystyriaeth pysgotwyr gyda chwrwgl afonydd eraill. Diddorol yw nodi, er nad oedd llawer o gwryglwyr Caerfyrddin, tebyg i Raymond Rees, yn medru'r Gymraeg, bod eu terminoleg a'u dull o enwi bob amser yn yr iaith Gymraeg, ac mae parhad termau pysgota, mwy na thebyg o'r Oesoedd Canol, yn dangos pa mor hen yw'r cwrwgl a rhwyd y cwrwgl, yn enwedig ar afon Tywi.

Pennod 5

Termau cwryglwyr Tywi a Theifi

al (Tywi) – ymylon rhwyd â phwysau trwm arnynt.
asen, pl. *eisau, eise* (Teifi), *ise* (Tywi) – asennau neu estyll cwrwgl.
asen saethu (Tywi) – dwy brif asen neu astell groes cwrwgl.
astell orles (orlais) (Tywi) – y planc, fel arfer o goed ysgafn, mewn ongl
   sgwâr i'r sêt, yn ei chynnal ac yn ffurfio bocs ar gyfer yr helfa.

bachyn (Tywi) – ffon fforchog ar gyfer dal estyll fframwaith cwryglau wrth
   iddynt gael eu hadeiladu.
y bleth (Teifi) – gynwal blethedig cwrwgl wedi'i gwneud o goed cyll, *cf.
   pleth fawr* (Tywi).
brest y corwg (Tywi) – blaen cwrwgl, cf. *bla'n y corwg* (Teifi).
blwmffun (Teifi) – rhaff droed y rhwyd a phlwm arni, cf. *plwm-ffun* (Tywi).
bwrw (Teifi) – y cast h.y. lle i bysgota; *pen-bwrw* – man dechrau y cast.

carnffun, garffun (Tywi) – rhaff ben rhwyd cwrwgl *(carn* [corn] + *ffun*
   [lein]), cf. *ffenest-ffun* (Teifi).
clawr (Tywi) – trwch rhwyllau'r rhwyd, cf. *pren magal* (Teifi).
y cefen (Teifi a Thywi) – rhwyd fân cwrwgl.
clyfwchwr (Tywi) – yr amser i ddechrau pysgota h.y. min nos hyd at
benllanw.
cnocer (Teifi a Thywi) – pastwn i ladd eogiaid, cf. *molly knocker* afon Hafren
   isaf (*molly* – yr enw a ddefnyddir ar afon Hafren am eog), weithiau
   cyfeirir at y cnocer ar afon Teifi fel *pren pysgod*, neu'n gellweirus fel
   y *ficer*. Rhyddhawyd potsier unwaith am fod yr erlynydd wedi
   cyfeirio ar y *ficer* fel *'bishop'*!
cwrwgl, cwrwg, corwg (Teifi a Thywi) – gwahanol enwau ar gwryglau.
cwt y corwg (Teifi a Thywi) – rhan ôl (cynffon) cwrwgl.

dellto (Teifi) – hollti estyll ar gyfer ffram cwrwgl.
drei-ffun (Tywi) – lein bysgota, cf. *ffun fowr* (Teifi).

eise cros (Teifi), *ise cros* (Tywi) – estyll croes.
eise dandrad – estyll dan y traed.
eise hyd (Teifi) – estyll hir cwrwgl, cf. *ise hir* (Tywi).

faddug (Tywi) – rhwyllau siap V ar y rhaff ben a'r rhaff droed.
ffenest-ffun (Teifi) – rhaff ben y rhwyd, cf. *carn ffun* (Tywi).
ffiol (Tywi) – dysgl bren i daflu dŵr allan o gwrwgl. Ni ddefnyddir hon
   ar afon Teifi.

ffun, pl. *ffuniau* (Teifi a Thywi) – prif raff y rhwyd.
ffunen (Teifi) – gwialen bysgota.
ffun fowr (Teifi) – lein bysgota, cf. *dreill-ffun* (Tywi).
y frâs (Teifi) – rhwyd fras, cf. *rhwyd rôth* (Tywi).

gafel (Teifi) – bachyn ar ben uchaf rhwyf cwrwgl.
gaseg (Teifi) – feis bren a ddefnyddir i naddu a rhoi siap ar estyll. Ni ddefnyddir hon gan adeiladwyr cwryglau afon Tywi.
y goron (Tywi) – y man lle mae'r ddwy astell letraws (*eise saethu*) yn croesi'r naill a'r llall.
gwangrwyd (Tywi) – rhwyd fân gyda rhwyllau o tua 3 modfedd i ddal eog mawr a sewin bach, llai nag un pwys: yn cael ei defnyddio'n bennaf ar ddiwedd y tymor pysgota.
gwas (Teifi) – y sawl a enwir ar drwydded cwrwgl.
gwden (yr wden) (Teifi) – pren helyg, onnen neu dderwen ifanc wedi ei chordeddu ar gyfer cario cwrwgl, cf. *strapen gwddwg* (Tywi).
gwe frâs (Teifi) – rhwyd fras.
gwragen (Teifi) – estyll ar siap cylch o amgylch blaen gynwal cwrwgl afon Tywi i ddiogelu'r tu allan.
gwrhyd (Teifi yn bennaf) – hyd rhwyd cwrwgl; *gŵr* + *hyd*, h.y. mesur o'r gên i flaen y bysedd pan ymestynir y fraich yn syth.

hala cwrwg (Teifi) – bod yn bysgotwr gyda chwrwgl, yn llythrennol 'anfon cwrwgl'.
helingo (Teifi) – y broses o orchuddio cwrwgl.

llaw ffun (Tywi) – lein law.
llygad (Tywi) – rhwyll, cf. *magal* (Tywi a Theifi).

machogyn (Tywi) – y bwlch rhwng rhwyllau'r rhwyd ar y lein blwm; am bob 20 *machogyn* ar y lein blwm, rhaid i'r lein gorcyn fod yn $1^1/_2$ *machogyn* yn fyrrach.
magal, llu. *magle* (Tywi a Theifi) – rhwyllau'r rhwyd.
magle bach (Teifi) – rhwyd fân rhwyd y cwrwgl.
magle mowr (Teifi) – rhwyd fras rhwyd y cwrwgl.
moelyd nôl (Tywi) – mynd yn ôl i ddechrau'r traill neu'r pwll drwy rwyfo'r cwrwgl yn hytrach na'i gario.
moilad (Tywi) – y gwahaniaeth rhwng hyd y lein gorcyn a'r lein blwm; mae gormod o *foilad* yn golygu bod pob rhwyll wedi'i ymestyn; mae rhy ychydig o *foilad* yn golygu bod y rhwyllau yn cael eu hymestyn ar eu hyd.

ofel (Tywi) – ffram cwrwgl.

orage (Teifi) – ffram cwrwgl.

pleth fach (Teifi) – pleth o goed helyg sy'n rhedeg o'r gynwal ar hyd gwaelod cwrwgl afon Teifi i gryfhau'r cefn.
pleth fawr (Tywi) – gynwal blethedig, cf. *y bleth* neu *y bleth dop* (Teifi).
pitcho corwg (Teifi a Thywi) – rhoi pŷg ar gwrwgl; cyfeirir ato yn achlysurol fel *rhoi cofor* (rhoi gorchudd).
pren magal (Teifi) – pren i fesur rhwyllau'r rhwyd, cf. *clawr* (Tywi).
plwm-ffun (Tywi) – rhaff droed rhwyd cwrwgl â phlwm arni. *Plwm-ffun ucha* – y lein blwm uchaf wedi'i chysylltu wrth y rhwyd fân – rhaffau taircainc o flew buwch; *plwm-ffun isha* – y lein blwm isaf wedi'i chysylltu wrth y fframwaith bob yn dair rhwyll – rhaff dwy gainc o flew buwch.
pwyllo'r ffuniau (a) trefnu rhaff a'r rhwydi mewn cwrwgl (Tywi); (b) dod â rhwyllau'r rhwyd at ei gilydd pan gaiff pysgodyn ei ddal (Teifi).

rhawn – blew ceffyl (Teifi) neu flew buwch (Tywi) a ddefnyddir i wneud rhaffau rhwyd cwrwgl.
rhwyd fân (Tywi) – rhwyd fân rhwyd y cwrwgl.
rhwyd rôth (Tywi) – rhwyd fras rhwyd y cwrwgl.

sdol (Teifi) – sêt cwrwgl; cf. sêt (Tywi)
strapen cnocer (Tywi) – strapen i ddal y pastwn lladd pysgod yn ei le ar y sêt.
strapen ffiol (Tywi) – strapen i ddal y ddysgl yn ei le.
strapen gwddwg (Tywi) – strapen ledr neu o goed onnen i gario cwrwgl, cf. *gwden* (Teifi), hefyd *strapen cwrwg*.

teircain (i.e. *tri* + *cain* [cainc]) – blew ceffyl teircainc (Teifi) neu flew buwch (Tywi) sy'n cael ei ddefnyddio i wneud rhaff ben y rhwyd a'r rhaff droed (lein blwm).
traill-ffun (Teifi) – lein dreillio gyda chylchoedd o gyrn buwch arni.
tryc, trwc (Tywi) – offer i blethu rhaff, digon tebyg i'r hyn a ddefnyddir i wneud rhaff wellt ar gyfer rhaffau rhwyd cwrwgl.

wal (Tywi) – rhwyd fân, cf. *y cefen, rhwyd fawr* (Teifi).
wechain (i.e. *chwech* + *cain* [cainc]) – blew ceffyl chwe chainc (Teifi) neu flew buwch (Tywi) y lein bysgota (*ffun-fowr*).

ysgar (Tywi) – hanner rhwyll.
ysgar y gath – lein isaf y rhwyllau mewn rhwyd, fel arfer ar y rhwyd fras; rhaid i hwn fod yn ddigon mawr i eog allu mynd trwyddo i'r rhwyd fân.

Pennod 6

Cwrwgl Taf

Afon fer yw afon Taf, 32 milltir o hyd, yn llifo i'r môr ym Mae Caerfyrddin. Mae trwydded gydag un pâr o gwryglau i bysgota yn rhan isaf yr afon 'rhwng llinell ddychmygol a dynnwyd yn syth ar draws yr afon hon o Bwynt Whaley i Bwynt Ginst a'r brif bont ffordd sy'n croesi'r afon tua milltir islaw Sanclêr'. Pysgotwyr rhan amser yw'r cwryglwyr i gyd, yn gweithio ym mhentref Sanclêr Isaf. Er bod hawl gyda'r pysgotwyr i bysgota cyn belled ag aber yr afon ger Talacharn, caiff y rhan fwyaf o'r pysgota ei wneud rhwng y ddwy bont yn Sanclêr. Mewn ymchwiliad, pan fwriadwyd newid ffiniau pysgota gyda chwrwgl yn 1971, cwynodd un llygad dyst am 'rwydi cwrwgl yn gweithredu ar afon Taf rhwng y ddwy bont. Mae'r afon yn gul iawn yno a phan mae'r cwryglau'n pysgota nid oes llawer o le ar ôl i'r pysgod symud i fyny'r afon. Mae'r man pysgota gyda chwrwgl yn ymestyn yn hir yr ochr isaf i'r bont isaf ac nid wyf yn gwybod am unrhyw reswm pam na allai'r cwrglwyr bysgota yn y rhan honno o'r afon. Yn ystod yr ychydig flynyddoedd diwethaf mae pysgotwyr gyda chwrwgl wedi pysgota'n gyson ac wedi cael dalfeydd da. Mae'r defnydd a wnânt o geir i'w cludo o un bont i'r llall wedi golygu eu bod yn gallu gwneud sawl helfa bob dydd'.

Honnwyd, yn yr ymchwiliad hwn, bod y ddeddf leol, sy'n cyfeirio at derfynau pysgota gyda chwrwgl, yn amwys gan fod yr awdurdod afonydd yn credu bod 'y terfyn uchaf yn golygu pont yr A4066 tua milltir yn union i'r de o Sanclêr' ond mae'r pysgotwyr gyda chwrwgl 'wedi honni mai'r terfyn uchaf yw pont yr A477 tua milltir i'r de-orllewin o Sanclêr'. Yn dilyn yr amryfusedd hwn, roedd pysgotwyr afon Taf yn pysgota'n bennaf ar hyd tua milltir o'r afon rhwng y ddwy bont: rhan o'r afon a ystyrid gan yr awdurdodau yn gwbl anaddas ar gyfer cwryglau. 'Mae'r rhan hon o'r afon ar derfyn uchaf y llanw ac mewn mannau 20 i 25 troedfedd yn unig yw lled gwely'r afon fechan hon. Felly, pan mae'r rhwyd yn pysgota, ychydig o bysgod yn unig sy'n gallu symud i fyny'r afon gan fod y rhwyd ar draws rhan sylweddol o'r afon. Yn ychwanegol at hyn, yn enwedig yn ystod llanw isel, mae brithyll y môr yn aros yn y rhan hon o'r afon am gyfnodau hir pan gaiff cyfartaledd uchel eu dal gyda rhwydi'r cwrwgl'.

Mewn tystiolaeth a gyflwynwyd gan bysgotwyr gyda chwrwgl nodwyd: 'Mae dwy bont yn Sanclêr, y ddwy yn croesi afon Taf, ac mae wedi cael ei dderbyn ar hyd yr amser gan yr Awdurdod Trwyddedu a'r

Edgeworth Evans, un o gwryglwyr Taf, tua. 1990

Rhwydwyr, bod y disgrifiad hwn yn berthnasol i'r bont uchaf, hynny yw'r bont yn union islaw a thua milltir o Sanclêr ar yr A477.

'Pe bai dyfarniad wedi'i wneud mai'r bont, a ddiffiniwyd yn y ddeddf leol sy'n bodoli, oedd yr ail bont sy'n croesi afon Taf ar yr A4066, nad yw erioed wedi'i dderbyn gan unrhyw un sydd a wnelo â'r peth, byddai ei weithredu yn gyfystyr â gwaharddiad llwyr ar bysgota gyda rhwyd ar afon Taf. Mae tystiolaeth yn mynnu y gellir dod ar hyd ffordd gyhoeddus at yr afon yn y rhan ohoni sydd islaw'r bont uchaf, ond byddai mynd at yr afon yn cael ei wahardd pe bai'r bont isaf yn cael ei diffinio fel man cychwyn yr hyd pysgota, gan ei fod wedi'i amgylchynu ar y ddwy lan gan dir preifat a allai wrthod mynediad at yr afon gan arwain at dresmasu. I werthfawrogi'r sefyllfa'n ymarferol, rhaid deall mai'r unig ran o'r afon y gellir pysgota ynddi yw'r rhan honno rhwng y ddwy bont. Islaw'r ail bont mae bonion coed, tyfiant gwyllt, llaid dwfn ar wely'r afon ac mae'r corsydd cyfagos a cheunentydd dwfn, llydan yn gwau trwyddynt, yn gwneud rhwydo gyda chwrwgl i lawr gyda llif yr afon a cherdded yn ôl wedi hynny, yn amhosibl, a thu hwnt i hyn mae'r hyd pysgota yn agos at far yr afon. Mae'n eglur, felly, bod diffinio'r ail bont fel man cychwyn yr hyd pysgota presennol a ganiateir, yn ddim byd, mwy neu lai, na gwaharddiad llwyr ar rwydi ac o ran hynny byddai'n ddyfarniad y tu hwnt i bwerau gorchymyn cyfyngiadau yn unig. Pan gyflwynwyd y gorchymyn cyfyngiadau yn 1931 oedd yn cadw pysgota gyda rhwydi o fewn terfynau, derbyniodd gydweithrediad llawn y rhwydwyr a'r rhai a enwyd ganddynt ar eu trwyddedau, ac felly cadwyd rhyw gymaint o'r sgiliau pysgota hynafol hyn. Byddai felly yn torri addewid ar ran cyfansoddiad y pysgodfeydd i newid deddf leol ac mewn gwirionedd yn gwahardd pysgota gyda chwrwgl yn yr ardal hon – er eu bod eisoes yn derbyn parhad y grefft hynafol, wledig hon drwy orchymyn cyfyngiadau, gan sicrhau parhad ymarferol pysgota gyda chwrwgl, drwy roi dwy drwydded bysgota yn unig.

'Yn Ymchwiliad Cyhoeddus 1971, argymhellodd yr Arolygwr yn ei adroddiad mai'r bont sy'n croesi'r A477 [ffordd Dinbych-y-pysgod] ddylai fod y terfyn uchaf'.

Rhwng 1935 a 2006 arhosodd nifer y cwryglau ar afon Taf yn sefydlog, gyda thrwydded yn cael ei rhoi i ddau bâr yn unig. Yn 1933 rhoddwyd trwydded i dri chwrwgl, ond yn chwe degau'r bedwaredd ganrif ar bymtheg cyflogwyd 'rhwng 40 a 50' i bysgota eog ar afon Taf. Yn gynharach yn y ganrif, yn Sanclêr, gwelodd Donovan, teithiwr i dde Cymru, 'a number of the poor inhabitants of the neighbouring cottages eagerly pursuing their customary occupations in the coracle fishery'. Roedd Donovan, er iddo weld llawer o gwryglau yng Nghaerfyrddin, wedi'i ryfeddu gyda 'those feats of dexterity which are required in the management of such a capricious vessel' a oedd yn nodweddiadol o gwryglwyr afon Taf, neu'r 'Corran' fel y galwai'r afon.

Er nad yw Sanclêr yn fwy nag wyth milltir o Gaerfyrddin, ac er bod gan afon Taf yr un aber ag afon Tywi, mae cwryglau afon Taf wedi gweld newidiadau mawr er mwyn addasu i ffurf yr afon. Er bod cwrwgl afon Taf yn debyg i siâp cyffredinol cwrwgl afon Tywi, mae'n llawer trymach na chwrwgl Caerfyrddin. Mae'r blaen yn fwy gwastad ac mae'r cefn yn fwy main a phlanciau sydd yn lle gynwal plethedig afon Tywi. Pan wnaeth Hornell ei arolwg yn nhridegau'r ugeinfed ganrif, disgrifiodd gwrwgl afon Taf fel hyn. 'The lattice part of the framework consists of seven longitudinal frames interlaced with either five or six transverse ones, all made of rough laths $1^1/_2$ and 1 _ inches wide. No diagonal laths are present, but two or three short accessory laths to strengthen the

Bill Beynon, Sanclêr, 1937 – un o gwryglwyr Taf

bottom under the feet may be intercalated with several of the foremost transverse frames. The end of all the frames, bent up in the usual manner, are inserted, after being whittled down to cylindrical points about 38 inch in diameter into vertical holes made at intervals in a broad gunwale frame of thin board; this takes the place of the wattled gunwale of the Teifi and Tywi coracles... The seat is set flush with this gunwale, cleats below

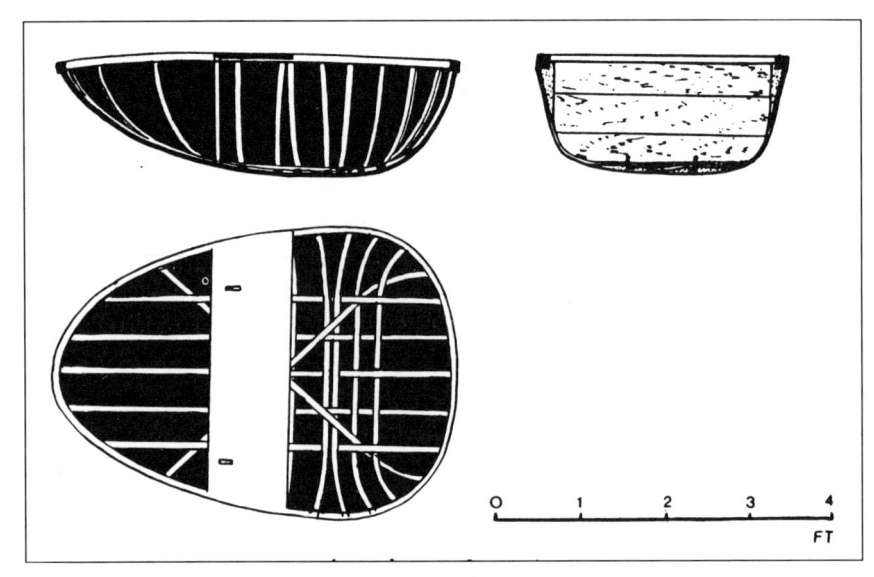

Cwrwgl Taf

joining it to the gunwale frame, which does not extend beneath the seat. The partition supporting the after border of the seat is made of a number of broad strips of thin board set vertically at short intervals apart. These are nailed below to a basal bar extending across the bottom, while above they are nailed to a long cleat screwed to the underside of the seat. The cover is of calico coated with a mixture made by boiling 1 lb of pitch with $^{1}/_{2}$ lb of Stockholm tar. A round drainage hole is cut in the cover at the tail end, high up for the easy emptying of water when the coracle is taken out of the river'.

Mae esiamplau mwy diweddar o gwryglau afon Taf yn debyg i rai afon Tywi, er bod y mesuriadau a'r cymesuredd ychydig yn wahanol. Mae esiampl a wnaed yn 1970 ac yn awr yn Amgueddfa Werin Cymru, yn cynnwys saith astell hir a saith astell ar draws, ac mae'r estyll ar draws i gyd o flaen y sêt. Tu ôl i'r sêt yn y cefn, sydd wedi'i weithio'n bigyn, nid oes estyll ar draws. Yn wahanol i gwryglau cyn y rhyfel mae cwryglau heddiw yn cynnwys dau rwymyn lletraws sy'n croesi o flaen y sêt. Mae'r gynwal, fel estyll y corff, wedi'i wneud o ddwy haen o onnen gyda phyg trwchus, $1^{1}/_{2}$ modfedd o ddyfnder gyda blaen pob astell wedi'i gosod rhwng y ddwy haen. Ynghlwm wrth y sêt ffawydd mae strapen gario ac un arall i ddal y cnocer yn ei le. Mae tair astell mewn ongl sgwâr i'r sêt yn gweithredu fel bocs i gario pethau, tra bod y sêt ei hun wedi'i hoelio i ben y gynwal ac yn un ag ef. Wrth ei ddefnyddio, mae'n rhaid i'r pysgotwr eistedd ymhell ymlaen o ganol y cwrwgl i greu cydbwysedd, oherwydd pan mae ar y ddaear mae cwrwgl afon Taf yn edrych yn gam iawn gyda'r cefn bron â chyffwrdd y llawr a'r blaen yn codi mewn ongl bigfain. Mae'r rhwyf yr un fath ag un afon Tywi, 5 troedfedd o hyd gyda llafn 2 droedfedd o hyd gydag ochrau cyfochrog ac ymylon sy'n gwyro ychydig. Mae'r cnocer wedi'i wneud o goed afalau surion neu bren bocs, ac er bod strapen ar gael i'w gario ar y sêt, gwell gan bysgotwyr cwryglau afon Taf, yn ôl traddodiad, gario'r pastwn yn eu pocedi.

Mae'n ymddangos fod newidiadau mawr wedi'u gwneud i gwryglau afon Taf yn niwedd y bedwaredd ganrif ar bymtheg, ac o ganlyniad mae enghreifftiau diweddar yn ymdebygu'n fawr i rai afon Tywi. I adeiladu cwrwgl afon Taf yn y dull mwy traddodiadol, yn ôl un sylwedydd, roedd yn rhaid cael cangen o goeden gyda phlygiad naturiol iddi, fel arfer coeden afalau, yna ei thorri a'i hollti yn ei hanner i ffurfio pen blaen y gynwal. Roedd y ddwy ran yn cael eu rhoi at ei gilydd gyda darn o haearn. Cafodd cangen arall ei thrin yn yr un ffordd i ffurfio cefn y gynwal. Yn wahanol i gwrwgl afon Tywi, gynwal cwrwgl afon Taf a ffurfiwyd yn gyntaf, a chafodd cyfres o dyllau eu gwneud ynddi i dderbyn estyll fframwaith y cwrwgl. Paratowyd saith astell hir a saith astell ar draws drwy hollti helygen gyda haearn hollti. Cafodd y rhain eu gwneud yn bigyn, eu gosod ar y llawr, a rhoddwyd y darnau pigfain yn nhyllau'r gynwal. Cafodd sêt ei thacio ar ben y gynwal a gorchuddiwyd y cwrwgl a rhoddwyd pyg drosto yn y ffordd arferol.

Dyma enghreifftiau o fesuriadau dau gwrwgl afon Taf:

Cafodd cwrwgl A ei wneud gan Edgeworth Evans o Sanclêr Isaf yn 1970, yn awr yn Amgueddfa Werin Cymru (Rhif Cofnodi Derbynion F71-70). Mesurwyd cwrwgl B gan Hornell yn 1937.

	A	B
Hyd o un pen i'r llall	59 mod	57 mod
Lled ar ei fwyaf	39 ½ mod	42 mod
Lled wrth y sêt	39 mod	39 mod
Lled yn y cefn	38 mod	37 mod
Dyfnder (yn y canol)	18 ½ mod	Ddim ar gael
Uchder (blaen)	5 ½ mod	Ddim ar gael
Uchder (sêt)	19 mod	12 ½ mod
Uchder (cefn)	15 ½ mod	Ddim ar gael
Lled y sêt	11 mod	Ddim ar gael
Pwysau	31 pwys	33 pwys

Pennod 7

Pysgota gyda chwrwgl ar afonydd eraill

Mae defnyddio cwrwgl fel cwch pysgota wedi lleihau'n sylweddol yn y blynyddoedd diwethaf a heddiw mae pysgota gyda chwrwgl wedi'i gyfyngu i dair afon yn unig; Teifi, Tywi a Thaf yng ngorllewin Cymru. Yn nau ddegau a thri degau'r ugeinfed ganrif, roedd cwryglau ar sawl afon arall fel Dyfrdwy, dwyrain afon Cleddau Ddu yn Sir Benfro a Hafren, ac yn niwedd y bedwaredd ganrif ar bymtheg roedd pysgotwyr gyda chwrwgl ar afonydd eraill fel Gwy, Wysg, Conwy, Nanhyfer a Llwchwr. Roedd gan bob afon ei math arbennig o gwch, ond mae llawer o enghreifftiau wedi diflannu heb i gofnod gael ei wneud ohonynt.

Cleddau

Parhaodd pysgota gyda chwrwgl ar ran ddwyreiniol afon Cleddau – Cleddau Ddu – tan 1939, pan oedd trwydded bysgota gan un pâr o gwryglau. Hyd yn oed yn chwe degau'r bedwaredd ganrif ar bymtheg ni chafwyd mwy na 6 pâr o gwryglau erioed ar afon Cleddau uwchben pont Llawhaden, a 6 i 10 islaw'r bont. Defnyddid y cwryglau yn aml i botsio. Erbyn 1930 roedd y nifer wedi lleihau i 3 ac erbyn 1934 un pâr yn unig oedd ar yr afon. Daeth pysgota gyda chwrwgl i ben yn gyfan gwbl ym mlynyddoedd cynnar pedwar degau'r ugeinfed ganrif.

Roedd cwrwgl afon Cleddau yn debyg iawn i'r math a ddefnyddir ar afon Taf ac roedd ganddo 'yr un siâp byr, trwchus, a'r un blaen dwfn, llydan, sgwâr a'r cefn byr, crwn fel ag oedd gan gwrwgl afon Taf. Mae siâp a maint y rhwyf yn dystiolaeth eglur o'i darddiad. Mae hon yn 4 troedfedd 3 modfedd o hyd, a chanddi lafn byr 2 droedfedd wrth 3½ modfedd a choes â bachyn ar ei phen, yn union yr un fath â rhwyf afon Tywi'.

Er nad oes un cwrwgl afon Cleddau wedi'i gadw, mae'n bosibl dod i gasgliad ynglŷn â manylion ei adeiladu drwy luniau. Mae'r fframwaith yn cynnwys chwe astell, wedi'u gwneud o goed onnen wedi'u llifio yn 1½ modfedd o led, yn rhedeg ar hyd y cwrwgl ac wedi'u hoelio i du mewn y gynwal estyllog. Ar ongl sgwâr i'r estyll hyn mae tair astell wedi'u rhoi ar draws, chwech o flaen y sêt i gryfhau'r rhan o dan draed y pysgotwr, a dwy tu ôl i'r sêt. Mae'r estyll i gyd wedi'u plygu tuag i fyny a'u hoelio wrth y gynwal. Mae'r gynwal ei hun yn cynnwys astell, tua 1½ modfedd o led, wedi'i phlygu ar siâp U er mwyn gwneud ochrau a chefn

Cwrwgl Cleddau

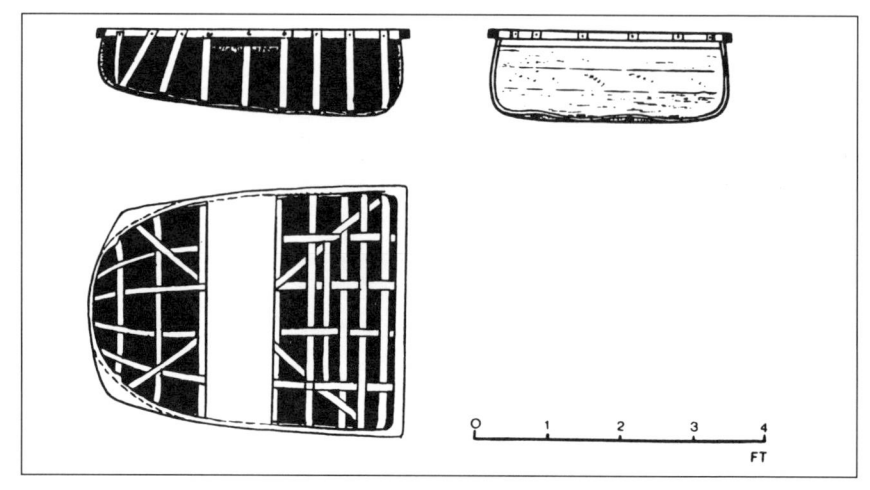

Cwrwgl Cleddau

ffrâm y cwrwgl. Mae darn o bren wedi'i hoelio wrth hwn, darn tua 1½ modfedd sgwar sy'n ffurfio bwa'r cwrwgl. Mae ffrâm flaen cwrwgl afon Cleddau felly yn llawer mwy sgwâr na ffrâm cwrwgl afon Teifi. Mae dwy astell letraws, sy'n croesi ar draws ei gilydd, o dan y sêt yn cwblhau'r ffrâm. Gosodir y sêt, gyda strapen ledr i gario pethau a strapen gnocer, ledr hanner ffordd ar hyd y cwrwgl. Caiff dau ddarn o goed tua 14 - 18 modfedd o hyd a thua 1½ modfedd sgwâr eu bolltio i'r gynwal ar y naill ochr a'r llall i'r sêt. Yn ei thro bolltir y sêt o bren ffawydd i ochr isaf y ddau ddarn o goed, caiff palis cadarn ei sgriwio wrth y sêt tua 3 modfedd o'r cefn ac mae hwn yn rhedeg i waelod y cwrwgl ac yn cael ei gynnal gan estyll lletraws y ffrâm sy'n croesi'i gilydd. Dywedodd Hornell fod cwrwgl afon Cleddau wedi'i orchuddio gan gynfas Hesian, a chymysgedd o býg a thar wedi'i roi drosto. Dyma'r mesuriadau sydd ganddo:

Hyd	52 modfedd
Lled	40 modfedd
Dyfnder (blaen)	14 modfedd
Dyfnder (canol)	13 modfedd
Dyfnder (cefn)	10 modfedd
Lled y sêt	12 modfedd

Wysg a Gwy

Y tro diwethaf i gwrwgl gael ei ddefnyddio i bysgota ar afon Wysg oedd tua 1930, ond heb amheuaeth roedd pysgota gyda chwrwgl yn gyffredin iawn ar yr afon a'i nentydd yn ogystal ag ar Llyn Llan-gors (Llyn Safaddan) tan ddiwedd y bedwaredd ganrif ar bymtheg. Yn *Brittania Camden* 1586 'Llyn Savaddan... In English 'is called Brecknockmore... well stored with otters and also Perches, Tenches and Eels, which the Fishermen take in their coracles'.

Yn ôl pob tebyg, er bod rhwydi yn cael eu defnyddio ar afonydd Gwy ac Wysg i bysgota eog, defnyddid y cwrwgl yn llawer amlach wrth bysgota gyda genwair. Mae Sir John Hawkins yn ei argraffiad o Izaak Walton's *Compleat Angler* yn 1760 er enghraifft yn nodi 'the men of Monmouthshire made use of "a thing called Thorrocle or Truckle" when fishing, in this case fly fishing for grayling, which were not easy to get at without a boat or wading. In some places it is called a "Coble", from the Latin "Corbula", a little basket; it is a basket shaped like the half of a walnut shell, but shallower in proportion and covered on the outside with a horse's hide; it has a bench in the middle and will just hold one person, and is so light that the countrymen will hang it on their heads like a hood, and will so travel with a small paddle which serves for a stick till they come to a river; and then they launch it and step in: there is great difficulty into getting in one of those Truckles: for the instant you touch it with your foot, it flies from you, and when you are in, the least inclination of the body oversets it'.

Nododd awdur o ganol y bedwaredd ganrif ar bymtheg wrth gyfeirio at afon Wysg bod 'many of the inhabitants gained their livelihood a great portion of the year by netting and angling. During the season, near the town of Usk, ten or a dozen fishermen were to be seen carrying their coracles on their backs in going to and returning from their avocation... Their shape resembled the section of a walnut shell, the length was about five feet and the breadth about four, with a seat placed across the centre; they were made of thin hoops crossed, with very strong basket work edges, and covered with strong coarse canvas thickly coated with pitch... the fisherman might often have been observed to work his paddle with one hand while he conducted the net with the other, at the same time holding a line in his teeth... On the banks of the Usk, Wye and other fresh water rivers, these coracles were to be seen hanging at the doors of many of the cottages'. Ar ôl yr 16eg o Orffennaf, 1866 roedd yn anghyfreithlon i bysgota eog heb drwydded ar afon Wysg ac roedd yn rhaid i bob cwryglwr trwyddedig dalu ffi flynyddol o £2 i ddefnyddio rhwyd mewn tymor pysgota a oedd yn ymestyn o'r 1af o Fawrth hyd at yr 31ain o Awst.

Cwrwgl Wysg a Gwy

    Ar afonydd Gwy a Mynwy roedd pysgota gyda chwrwgl yn digwydd ar raddfa eang hyd at tua 1914, ond ar ôl y dyddiad hwnnw bu lleihad mawr ar y nifer o gwryglau a ddefnyddid, ac nid oes unrhyw dystiolaeth i awgrymu bod cwryglau ar gael ar ôl y Rhyfel Byd Cyntaf. Byddai defnydd mawr yn cael ei wneud ohonynt yn ardal Y Rhosan (Ross) yn y bedwaredd ganrif ar bymtheg. Nododd teithiwr yn 1799, er enghraifft, 'Yn ystod y daith o'r Rhosan, aethom heibio i lawer o gychod pysgota bach a elwid yn "Truckles" neu "Coricles", wedi'u gwneud o estyll neu wiail ac wedi'u gorchuddio gan gynfas a phŷg drosto'.

    Yn is i lawr yr afon ym Mynwy, roeddent yr un mor gyffredin.

Dywedodd un awdur yn 1805, 'Many salmon are caught at this place which is five miles (upstream) from Monmouth. Here we saw several boats, called coricles, peculiar to this part of the river... we saw two men going out in their coricles to fish. Each man lays hold of one end of a net, about 20 yards long, and paddles down the river till they feel a strike. They then haul it up as quick as possible and draw it on shore. They paddle along at a great rate, and put us much in mind of what we read concerning the Indians in their canoes'.

Mae'r ffaith bod pysgotwyr afon Gwy yn defnyddio rhwyd fras yn cael ei gadarnhau gan dyst i'r Comisiwn Brenhinol ar Bysgodfeydd Eogiaid yn 1861. Roedd y rhwydwaith yn 2½ modfedd ac yn ogystal â mynd gyda llif yr afon, fel ag yng ngorllewin Cymru, defnyddiai pysgotwyr afon Gwy gwryglau ar gyfer y broses o 'lwyna'. Byddai llwyn, twll neu graig yn yr afon yn cael ei amgylchynu gyda rhwyd a byddai'r eog yn cael ei yrru allan o'i guddfan drwy ei bwnio â pholyn. Am y dechneg fwy arferol o dynnu gyda rhwyd blyg 'truckle' dywedodd tyst wrth y Comisiwn: 'Mae dau gwrwgl, y naill ar wahân i'r llall a thua 16 llathen o rwyd. Mae gan un dyn lein bysgota; mae'r ddau yn dal un pen o'r rhaff gydag un llaw, ac yn rhwyfo gyda'r llall i gadw'r cwryglau mor bell oddi wrth ei gilydd ag y mae'r rhwyd yn caniatáu: cyn gynted ag y maent yn synhwyro bod yna bysgodyn, mae'r dyn sydd ar un pen y rhwyd yn gollwng ei afael ac mae'r llall yn tynnu i fyny a chaiff y pysgodyn ei roi mewn sach a'i dynnu i mewn i'r cwrwgl'.

Fel ar afon Wysg parhaodd y cwrwgl i gael ei ddefnyddio ar gyfer pysgota gyda genwair yn fwy nag ar gyfer rhwydo ar afon Gwy. Defnyddiodd un pysgotwr gyda genwair o'r Rhosan, 'rilen ond dim ond corcyn mawr ar ddarn byr o linyn ynghlwm wrth ben y rhoden oedd gan bysgotwyr eraill, ac wedi dal pysgodyn roedd y cyfan yn cael ei halio dros fwrdd y cwch i'r môr'. Roedd y rhoden a.y.b. yn chwarae'r pysgodyn a chyn gynted ag iddo fynd yn llonydd, roedd y pysgotwr yn rhwyfo ar ôl ei gorcyn a rhoi plwc iddo er mwyn ail ddechrau pysgota. Mae Hornell yn disgrifio'r rhoden a'r lein a ddefnyddid i bysgota gyda chwrwgl yn ardal Henffordd, 'The rod is of elm, short and stiff, and shaped like a billiard cue, tapering upward from a stout and heavy butt. Its length is barely 9 feet. The line is of horse hair, about 24 feet long, tapering from a diameter of 3 mm down to six hairs at the end'.

Roedd y cwryglau a ddefnyddid ar afonydd Wysg a Gwy yn union yr un fath o ran adeiladwaith ac fel arfer byddent yn cael eu gwneud gan y pysgotwyr eu hunain. Roedd 'truckle' sir Fynwy, fel y gelwid ef yn lleol, yn debyg iawn o ran ei olwg i'r rhai a ddefnyddid ar afon Tywi, sy'n awgrymu eu bod o'r un tarddiad cyffredin. Yr hyn sy'n wahanol, fodd bynnag, yw bod y rhan tu ôl i'r sêt yn hirach na'r rhan o flaen y sêt ac nid yw'r sêt wedi'i gosod yn agos i'r canol fel ar gwryglau afon Tywi. Nid yw gynwal cwrwgl sir Fynwy yn gogwyddo fel y mae rhai afon Tywi. Mae gan esiampl o gwrwgl afon Gwy sydd heddiw yn Amgueddfa Dinas Henfynyw ac a gafodd ei wneud gan William Dew o Kern Hill, Y Rhosan ar Wy, tua 1910, ben blaen llydan a dwfn a blaen crwn a'r estyll yn troi tuag i fyny ychydig yn y cefn. Mae'r ochrau'n gyfochrog a'r gynwal bron yn wastad. Mae'r mesuriadau fel a ganlyn:

Hyd – 60 mod
Lled (pen blaen) – 39½ mod
Lled (wrth y sêt) – 38 mod
Lled (cefn) – 39 mod
Lled y sêt – 11 mod

Uchder (pen blaen) – 14½ mod
Uchder (wrth y sêt) – 14½ mod
Uchder (blaen) – 15½ mod
Pwysau – 28 pwys

Mae gan y cwrwgl saith astell o goed onnen ar ei hyd a chwe astell ar draws, wedi'u gosod mewn gynwal plethedig o goed cyll. Rhwng y chweched a'r seithfed astell groes a thu ôl i'r seithfed mae dwy astell fer ychwanegol er mwyn cryfhau cynffon hir cwrwgl afon Gwy. Mae pâr o estyll lletraws yn croesi yn union o flaen y sêt, sy'n cryfhau'r palis cadarn o dan y sêt. Caiff strapen ledr i gario'r cwrwgl ei rhoi yn ei lle.

Mae rhwyf cwrwgl afonydd Gwy ac Wysg yn debyg i rwyf afon Tywi,

Cwrwgl Wysg a Gwy ar yr afon yn Y Rhosan

yn bum troedfedd o hyd gyda llafn cyfochrog o 18 modfedd i 21 modfedd. Mae'r cylchau'n syth a sylindrig.

Mae Hornell yn disgrifio'r dull o adeiladu cwryglau a ddefnyddiwyd gan Mr A.C. Morgan o Fynwy.

'The framework consisted of seven longitudinal and seven, or rarely eight transverse laths crossing one another at right angles, with two diagonals, all arranged after the Tywi fashion. When a coracle was to be begun Morgan states: "I used to go to the sawyer and say 'Rip me out a set of laths'." These had to be split from willow logs [sally-wood]; sawn laths were not considered satisfactory, width 1½ inches to 2 inches. These laths were soaked in water for two days before use. When judged pliable enough, they were laid on the ground and interlaced at the proper distances apart. Then the main crossing points were secured either by means of forked pegs driven into the ground [Carmathen method] or were held down by weights [Cenarth method]. This done the ends of the laths were bent up and secured in position by plaiting withy bands around them at gunwale level. The ends of two of the transverse laths a little in front of mid-length were the first to be bent up; these were passed through slots in the ends of the seat. Amidships rigidity was obtained by inserting a solid deal partition of template form beneath the seat. This was tied below at two points to the lath framework and above at two corresponding points to the seat, the sewing passing through two small holes forward of each of the slots made for the carrying strap.

'The withy gunwale plaits were arranged in such a way that if a plait was begun on the left behind the seat and circled forward clockwise, the end of its half-circle had to finish on the right in front of the seat; the complemental semi-circle reversed this procedure – it started in front of the seat on the right and then circled round the stern to end and interlock with the beginning of the fore-end plait, behind the seat on the left'.

Roedd morthwyl bren yn cael ei chario i ladd pysgod, ac roedd hwn wedi'i wneud o goed afalau neu ellyg os yn bosibl. Nid oedd angen cario ffiol neu ddysgl bren.

Calico cryf oedd y gorchudd a gelwid ef fel arfer yn 'Groen' y cwrwgl. Gwragedd y pysgotwyr oedd yn gwneud y gorchudd; ar ôl ei ymestyn dros y ffrâm a'i glymu o dan bleth uchaf y gynwal, byddai haenen o gymysgedd o bŷg a chol-tar yn cael ei roi ar y tu allan. Yna byddai'r cwrwgl yn cael ei gludo (ym Mynwy) i'r Gwaith Nwy a'i adael yn un o'r tai puro am 24 awr er mwyn i'r gymysgedd dreiddio'n iawn i mewn i ddeunydd y gorchudd. Ar ôl dod ag ef adref, byddai ail haenen o'r un gymysgedd yn cael ei roi drosto. Cafodd arbrawf manwl ei wneud ar y gymysgedd; rhoddwyd ffon ynddo a'i thynnu allan gydag ychydig bach

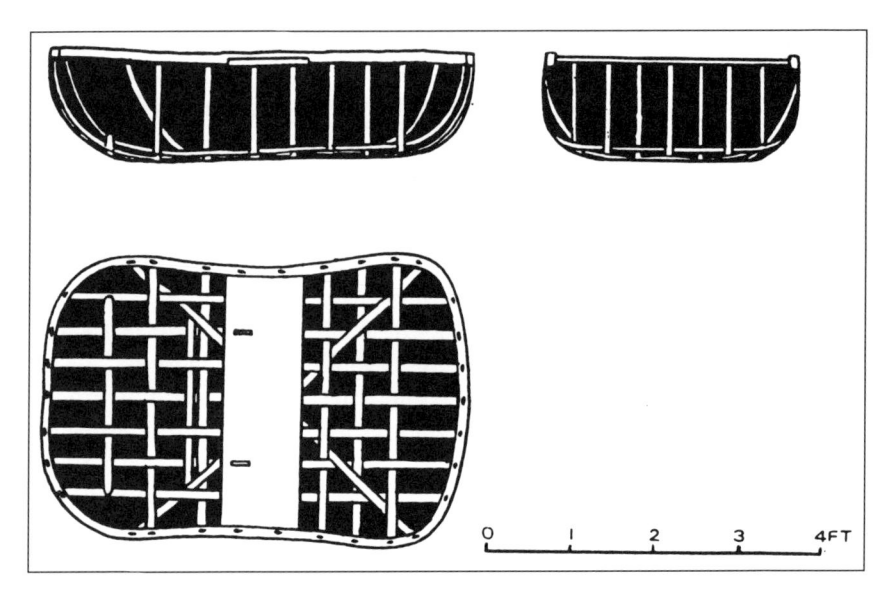

Cwrwgl Wysg a Gwy

o'r gymysgedd ar ei phen. Ar ôl ychydig o eiliadau cafodd ei roi rhwng y bysedd ac yna os byddai'n ymestyn heb gracio, ystyrid bod ansawdd y gymysgedd yn addas.

Dyfrdwy

Yn 1920 prynwyd hawliau rhwydo gyda chwrwgl ar afon Dyfrdwy gan Fwrdd Pysgodfeydd Dyfrdwy, a oedd ers 1903 wedi gwneud ymdrech gydwybodol i gyfyngu ar rwydo gyda chwrwgl drwy beidio â rhoi trwyddedau ar farwolaeth neu ymddeoliad cwryglwyr trwyddedig. Yn 1920 prynwyd y tair rhwyd oedd yn dal i weithredu ar yr afon yn ardal Bangor Is-coed ac Owrtyn am £1,000 ac o ganlyniad daeth rhwydo gyda chwrwgl i ben. Fodd bynnag parhawyd i ddefnyddio cwryglau i bysgota gyda genwair tan bump degau'r ugeinfed ganrif. Dywed un awdur, 'A coracle is almost a necessity on the rough, rocky, middle reaches of the Dee, when owing to the force of the current and deep, hidden ledges, and clefts in the rocky bottom, wading is impossible in many places and no other type of craft, not even a birch bark canoe could possibly be used'.

Yn y bedwaredd ganrif ar bymtheg roedd rhwydo gyda chwrwgl yn cael ei arfer yn gyffredin, heb unrhyw amheuaeth, ar afon Dyfrdwy, yn enwedig yn nyfroedd uchaf yr afon. Dywedodd un tyst i Gomisiynwyr ar

Bysgodfeydd Eog yn 1861, er enghraifft, 'It happened frequently that several hundreds of the men would go out very early in the morning with coracles on their backs, pass over the mountains and come some distance down the river, taking all they could catch with very fine nets. They all met at a certain public house, where large white baskets were filled with what they had obtained and sent to the Liverpool and Manchester markets'.

Hyd yn oed yn chwe degau'r bedwaredd ganrif ar bymtheg, roedd cwryglau yn achosi gofid mawr i'r awdurdodau, gan fod y 15 pâr a oedd yn gweithredu rhwng Bangor a chored Erbistock 'yn cael eu goddef i bysgota am nifer o flynyddoedd'. Yn 1862 mae adroddiad arall yn dweud, 'The coracle fishing has rather increased this year, and this mode of fishing somewhat endangers the future of the river... Unless some restrictions be placed upon this class of fisherman, it is evident that they will increase as the fish increase... Complaints have been frequently made to us that the coracle fishing has discouraged the proprietors from taking steps to improve the river, because they would derive no benefit thereby, and increase what they already consider to be a nuisance'. Yn ystod tri degawd olaf y bedwaredd ganrif ar bymtheg, nid oedd rhwydo gyda chwrwgl yn cael ei gefnogi ar afon Dyfrdwy, ac er bod 27 o drwyddedau rhwydo wedi'u hawdurdodi yn 1871, erbyn 1884 roedd y nifer wedi lleihau i 15 trwydded ac erbyn 1895 i 12. Yn ychwanegol at hyn, yn 1888 cyfyngodd y Bwrdd Pysgodfeydd ar hyd y tymor pysgota drwy newid dechrau'r tymor o'r 1af o Chwefror i'r 31ain o Fawrth 'with the view of making certain that Kelts had a fair chance of returning to the sea'.

Er bod y cwrwgl wedi parhau ar afon Dyfrdwy tan yn gymharol ddiweddar i bysgota gyda genwair, nid oedd yn cael ei ddefnyddio bron byth i'r pwrpas hwnnw yn y bedwaredd ganrif ar bymtheg 'arwahan i ddal llysywod gyda "bob", sef dyrnaid o fwydon ar edau'. Ym mhedwar degau a phum degau'r ugeinfed ganrif roedd llawer o'r cwryglau a ddefnyddid gan bysgotwyr gyda genwair, yn enwedig yn ardal Llangollen, wedi'u gwneud ar gyfer dau berson ac roedd y cychod yn lletach na llawer o'r rhai a ddefnyddid ar afonydd eraill. Fel arfer roeddent tua 55 modfedd o led wrth 57 modfedd o hyd. Yn rhyfedd iawn gwnaeth y cwryglau dau berson barhau'n hirach ar afon Dyfrdwy ac roeddent yn fwy cyffredin na'r cwrwgl un person, oherwydd fel y dywed Hughes-Parry: 'Most coracles are made to accommodate two persons, although a certain number of single coracles are still in use'. Roedd y cwryglau dwbl hyn yn pwyso tua 40 pwys a gyda nhw 'it is possible to shoot rapids and dodge in between out-jutting ledges in the fastest and wildest stream, holding on by gaff and paddle to some outcropping ledge or rock; and one can tuck oneself in in perfect safety with a rush of wild white water on each side. By using a coracle one can therefore fish places that could never be reached either by wading or throwing the longest line from the bank'.

Roedd dau fath gwahanol o gwrwgl ar afon Dyfrdwy.
1. Cwrwgl rhan isaf afon Dyfrdwy a ddefnyddid yn bennaf yn ardal Bangor Is-coed ac Owrtyn
2. Cwrwgl rhan uchaf afon Dyfrdwy a ddefnyddid o'r Bala cyn belled ag aber afon Ceiriog

Gwelid y mwyafrif o'r cwryglau hyn yn ardal Llangollen.

Mae gan gwrwgl rhan isaf afon Dyfrdwy ochrau serth yn gwyro tuag i mewn, yn enwedig o dan y sêt, a bwa llydan wedi'i wneud yn wastad a blaen mwy crwn. Ceir esiampl ohono yn Amgueddfa Werin Cymru. Mae'r fframwaith wedi'i wneud o estyll o goed onnen wedi'u plethu wrth ei gilydd, sy'n llawer teneuach ac yn gulach na'r rhai a ddefnyddir ar unrhyw fath arall o gwrwgl. Mae naw astell hir, a phob un ohonynt yn ddim mwy na $1/2$ modfedd o led, a chaiff yr estyll hyn eu cryfhau gan nifer o estyll ychwanegol sy'n cael eu rhoi, un ar y naill ochr a'r llall i'r pum sblint canolog, o flaen y sêt, lle bydd y cwryglwr yn rhoi ei draed. Mae llawer mwy o estyll ar draws hefyd a threfnir y mwyafrif ohonynt mewn setiau cyfansawdd, gyda phob set yn cyfateb i un o'r estyll llydan ar draws sy'n nodweddiadol o gwryglau de Cymru. Mae'r astell gyntaf ar draws ym mlaen y cwch yn cynnwys tri sblint ar wahân, yr ail, pedwar a'r trydydd, pump. Ffurfir y gynwal o ddwy astell o goed onnen, wedi'u plygu i'w siap ac mae sêt o goed ffawydd wedi'i gosod rhwng y ddwy, tra bod y rhesel, sef y gofod o dan y sêt, yn cael ei ffurfio gan golofn gref o dan y sêt a'r rhwyllwaith. Mae hyn yn rhannu'r cwrwgl yn ddwy adran ar wahân - rhan flaen 30 modfedd o hyd a'r rhan ôl 24 modfedd o hyd.

Pan nad yw'r cwrwgl yn cael ei ddefnyddio mae'n cael ei osod i sefyll i fyny ar ei 'gynffon'. I osgoi unrhyw niwed i'r fframwaith wan pan mae'n cael ei osod i sefyll fel hyn, mae bar o goedyn cryf a chanolig ei faint yn cael ei osod rhwng y sêt a chanol y gynwal flaen.

Yr unig bethau ychwanegol sy'n cael eu cario yw rhwyf, y strapen arferol i gario'r cwrwgl a charai dolen o gwmpas piler canol y sêt. Mae'r rhwyf yn 5 troedfedd o hyd ac yn anarferol o gain. Mae'r llafn a'r goes o'r un hyd; mae'r llafn yn meinhau yn gyson o'r pen pellaf llydan ac oni bai am ychydig o folio buasai'n uno'n naturiol wrth y goes sylindrig. Does dim pren cynnal i'w gael; yn ei le mae pen y goes wedi ei amgylchu â band haearn, gyda rhicyn neu slot ar un ochr. Pan mae'r perchennog yn taflu'r cwrwgl ar ei gefn mae'n pasio pen y goes drwy garrai'r ddolen sydd o amgylch piler y sêt; mae'r rhigol yn rhwystro'r ddolen rhag llithro i ffwrdd.

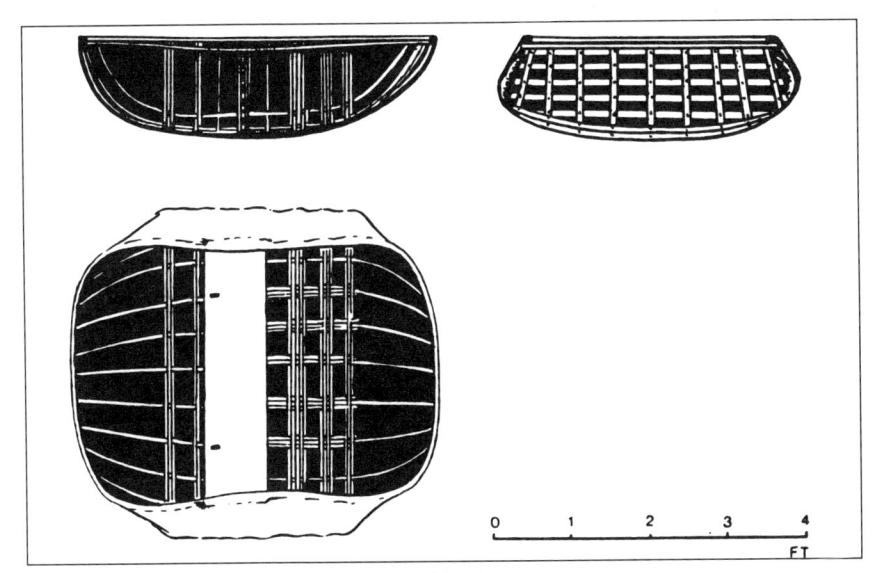

Cwrwgl Dyfrdwy

Dyma brif fesuriadau cwrwgl rhan isaf afon Dyfrdwy o Owrtyn:

Hyd	55 mod	Hyd y sêt 38 mod
Lled mwyaf (blaen)	38 mod	Lled y sêt 11 mod
Lled mwyaf (canol)	35 mod	Dyfnder (wrth y sêt) 14 mod
Lled mwyaf (cefn)	47 mod	

Mae Hornell yn disgrifio'r dull o adeiladu fel a ganlyn;
'The two sets of laths which are to form the framework are arranged as usual on the ground or preferably on a wooden flooring where they are kept in relative position after interlacing by weights or by tacking down.

'The ends of the transverse laths on one side are then bent up and locked between two stiff rods running longitudinally, each lath being tied to these two embracing rods. The lath ends on the opposite side are similarly treated; this done, the ends of the two opposed pairs of rods are connected by cords at the distance apart which is to be the eventual width of the coracle at gunwale level. The ends of the longitudinal laths are similarly treated and held in place by cords running fore and aft. The result is that the framework appears on the form of a regular basketwork trough with the four sides not joined together at the corners.

'To facilitate bending, the laths are sometimes thinned slightly at the bends.

Cwrwgl Dyfrdwy – Llangollen

'When the curved laths are considered to be sufficiently set, the latticework seat-partition is placed in position and wired at several points along the botom edge to the laths below. This done the two lower gunwale loops are nailed in position, one outer and the other inner to the laths and about an inch and a half below what will be the eventual gunwale edge. The ends of the laths embraced by the paired rods are now released and the seat may be put in, its ends passing over and beyond the lower gunwale hooping. The ends of three of the transverse laths are passed through slots in each end, a procedure which causes the waist-like appearance when the coracle is completed. The seat is further secured by being wired at intervals through paired holes to the upper edge of the partition below.

'The upper gunwale hoops are next added, one on each side of the projecting frame ends, which are now cut off flush. These upper hoops pass over the seat ends.

'The coracle is now ready to be covered with calico. The edges are reflected over the gunwale and tacked on. After receiving a coating of the usual pitch and tar mixture, and extra inner gunwale hoop is added to hide and protect the turned-in edge of the coracle'.

Mae cwrwgl rhan uchaf afon Dyfrdwy, a ddefnyddid yn y gorffennol o Lyn Tegid hyd at ychydig yn is nag aber afon Ceiriog, yn wahanol iawn i'r math o gwrwgl a ddefnyddid yn ardal Owrtyn – Bangor. Roeddent yn cael eu defnyddio tan yn ddiweddar yn ardal Llangollen ac roedd y rhan fwyaf ohonynt wedi'u cynllunio i gario dau berson. Oherwydd hyn rhoddwyd llawer mwy o sylw i waelod y cwrwgl ac roedd cwrwgl Llangollen yn ymddangos bron yn sgwâr, gyda'r ddau ben yn gwyro cryn dipyn.

Roedd cwrwgl Llangollen yn wahanol i'r math a ddefnyddid ym Mangor–Owrtyn gan fod estyll llydan wedi'u plaenio yn cael eu defnyddio ar gyfer adeiladu'r fframwaith. Roedd naw o'r rhain yn croesi un ar bymtheg o estyll traws i ffurfio fframwaith cryf ac roedd hyn yn cael ei gryfhau ymhellach gan bedair astell letraws ychwanegol. Gosodwyd saith piler sgwâr cryf yn y bariau croes i ffurfio'r rhesel a oedd yn dal y sêt. Yn wahanol i gwrwgl rhan isaf afon Dyfrdwy, nid oedd gan gwrwgl Llangollen y canol main amlwg a oedd mor nodweddiadol o gwrwgl Bangor ac Owrtyn. Roedd y dulliau o gario'r cwrwgl hefyd yn wahanol, oherwydd ni fu strapen gario erioed ar gwrwgl Llangollen. 'Y ffordd draddodiadol o'i gario yw rhoi'r sêt ar draws yr ysgwyddau, a'i gadw'n gadarn yn ei le drwy afael yn yr ochrau gyda'r ddwy law, yn agos i'r tu blaen... Mae'r dull o gario cwrwgl drwy afael gyda'r ddwy law tu ôl i'r pen yn beth cymharol newydd. Mae hen luniau yn dangos y cwrwgl yn

Genweirwr yn paratoi i bysgota o'i gwrwgl ar afon Dyfrdwy yn Llangollen

cael ei gario yn y ffordd arferol gyda strapen ledr ar draws y frest neu'r ysgwyddau, a'r rhwyf yn gorwedd yn llorweddol ar yr ysgwydd chwith a phen y goes y tu mewn i'r cwrwgl'. Defnyddid rhwyf fer 4 troedfedd ar gyfer y math hwn o gwrwgl. Roedd y llafn 22 modfedd o hyd yn gyfochrog, ei lled yn 4 modfedd ac yn cael ei chysylltu â phen y goes sylindrig heb bren cynnal.

Dyma fesuriadau cwrwgl dwy sêt nodweddiadol o ardal Llangollen:
Hyd – 57 mod
Trawst (gwaelod) – 53 mod
Lled y sêt – 11 mod

Trawst (blaen) – 33 mod
Hyd y sêt – 39 ½ mod
Uchder (blaen a chefn) – 20 mod
Dyfnder hyd at ben y sêt – 14 mod
Uchder (canol) – 17 mod
Pwysau – 50 pwys

Disgrifiwyd y dull o adeiladu'r cwrwgl gan Hornell fel a ganlyn:
'After the two sets of laths have been interlaced in the usual manner on a plank flooring, a wooden roller about 3 feet long by about 6 inches in diameter, having an iron pin running through it, is placed lengthwise over the laths on each side, and secured to the floor by iron brackets... The two rollers are arranged at a distance apart of about what the eventual gunwale beam is to be. Discarded rollers from an old mangle are suitable for the purpose.

'The projecting parts of the transverse laths, after a preliminary soaking with warm water, are bent up and tucked against the upper part of the rollers on the outer aspect, their ends sloping inwards to form the tumble-home type of side characteristic of this design. After being left for some time to set the bends, the projecting ends, at the proper level, are nailed between a pair of lower gunwale hoops, each composed of two half-hoops, in the Bangor manner, but instead of being arranged horizontally, the half-hoops are fixed with such a sheer towards the ends of the framework that their ends cross one another obliquely amidships. The two rollers are now removed and the seat with its two sets of pillar supports are put in and secured in place; this permits of the nailing on of the upper circumferential hoops to form the gunwale proper. A cover of sailcloth is stretched over the frame; an overlap at each corner strengthens what are the weakest places'.

Dwyryd

Mae afon Dwyryd yn llifo drwy Ddyffryn Maentwrog yng ngogledd-orllewin Cymru ac mae'r llanw yn mynd cyn belled â Maentwrog.

Nid oes unrhyw waith academaidd ar gwryglau yn cyfeirio at afon Dwyryd. Ond er gwaethaf hyn, am resymau a amlygir yn nes ymlaen, nid oes llawer o amheuaeth fod cwryglau yn cael eu defnyddio i bysgota gyda rhwyd ar yr afon hon.

Cafodd cwrwgl afon Dwyryd, a oedd yn perthyn i deulu'r Sandford, stad Isle, Bicton, Amwythig, ei ddarganfod gyntaf gan y gwneuthurwr cwryglau traddodiadol o Amwythig, John E. Davies yn 1986. Arferai wneud ei gwryglau ar fferm ar stad Isle, lle defnyddiai ef a'i deulu eu cwryglau ar afon Hafren. Dywedodd Davies wrth gadeirydd cymdeithas y cwryglau ar y pryd hwnnw, Peter Badge, am y darganfyddiad unigryw, a gwerthfawrogwyd hyn yn fawr ganddo. Gwnaeth Davies gopi manwl ar gyfer y cadeirydd ac mae'r copi bellach mewn arddangosfa yng Nghanolfan Gwryglau Cenedlaethol, Cenarth, Castellnewydd Emlyn.

Ysgrifennodd Badge yn syth at deulu'r Sandford yn holi am fwy o wybodaeth am y cwrwgl anarferol hwn. Atebodd y ddiweddar Mrs Sheila Sandford, gwraig perchennog ar y pryd stad Isle, ar y 9fed o Fai, 1986. Nododd yn glir yn ei hymateb eu bod yn berchen ar ddau gwrwgl o'r fath. Yn ei llythyr dywedodd, ymhlith pethau eraill, '... we have two similar – the other one is usable, but very slightly. They in fact belonged to my brother-in-law, who is now Lord de Clifford and his aunt, a remarkable woman, Mrs Inge. She had them made and were I believe used at the estuary of the Dwyryd for netting and paddled from the front. She had a big house, Plas Tan-y-bwlch (now the Environmental Studies Centre and Education Department of the Snowdonia National Park Authority)...' Awgrymodd y dylai Badge gysylltu â'i thad, Duncan Robertson, Llantysilio Hall, Llangollen, a oedd â llawer o wybodaeth ganddo am gwryglau rhan uchaf afon Dyfrdwy. Wrth ymateb i lythyr gan Badge, ysgrifennodd Robertson '... The coracle she has was used on the river at Maentwrog for netting purposes; it is a small craft and only used for crossing the small river and possibly working the net down. I do not know who made it'. (Nid yw Robertson yn fyw bellach.)

Gwnaed ymholiadau i ddarganfod tystiolaeth ynglŷn â'r defnydd o gwryglau yn ardal Maentwrog gan Edwyn Roberts B.Sc., C.Eng., a gafodd ei fagu yn yr ardal. Ar y 9fed o Awst 1988 ysgrifennodd at Badge, gan ddweud 'I well remember Mrs Inge who was a formidable lady and local land owner in Maentwrog. She was in fact a daughter of the Oakley family who were quarry owners in Blaenau Ffestiniog. The old boathouse, where the coracle almost certainly was kept, is still standing and can be seen on a long bend in the Dwyryd between Maentwrog village and the Plas. I feel certain I heard of the use of a coracle but did not witness its use myself'.

Yn y diwedd, dywedwyd wrth Badge gan un o archifwyr Cyngor Sir Gwynedd ei fod yn credu bod trwydded rhwydo eogiaid gan y stad ar un adeg.

Ymddengys nad oedd dau gwrwgl gyda rhwyd rhyngddynt yn cael eu defnyddio i rwydo pysgod ar afon Dwyryd, ond yn hytrach talwyd am rwyd wedi'i chlymu wrth y lan fel ag ar afon Boyne yn Iwerddon ac ar afon Hafren yn Ironbridge neu ar gyfer gosod rhwyd rhwng dau bolyn ar

Cwrwgl Dwyryd yn regata Cilgerran, 2005

afon Dwyryd. (gweler Traditional Fishing in Wales, Emrys Evans, Welsh Heritage Rhif 5, tudalennau 37 a 38, cyfeirir at 'harpoon fishing by a lad from a smallholding not far from a beach at Morfa Bychan... this kind of fishing happens today, as well as fixed nets between two poles in the Dwyryd estury'.)

Ychydig o amser cyn ei farwolaeth ymwelodd Badge â'r diweddar Humphrey Sandford, gŵr Sheila Sandford a enwyd uchod, a ddangosodd iddo gwrwgl gwreiddiol afon Dwyryd ac ail gwch a oedd yn ymddangos fel copi amrwd o'r un gwreiddiol. Yn dilyn hyn rhoddodd Sanford y cwch gwreiddiol i Badge, a oedd erbyn hynny yn Llywydd y gymdeithas cwryglau, a chyflwynodd hwnnw'r cwrwgl i Amgueddfa Werin Cymru lle mae'n cael ei gadw ar hyn o bryd.

Mae cwrwgl afon Dwyryd yn gwch anarferol iawn. Nid yw'r cyfluniad yn y pen blaen a'r cefn i'w gael mewn unrhyw gwrwgl arall. Yr unig gwch sy'n gysylltiedig ag ef ac yn debyg iddo mewn unrhyw ffordd o ran y pen blaen yw 'curragh' rhwyfo Ynys Owey Donegal a gellir ei weld yn y Ganolfan Gwryglau Cenedlaethol.

Cymharol newydd yw'r grefft o adeiladu cwryglau i Alan Grove. Gwneuthurwr medrus offerynnau cerdd hynafol ydyw. Mae wedi atgynhyrchu cwrwgl yn union yr un fath â chwrwgl gwreiddiol afon Dwyryd. Ei farn ef yw iddo gael ei wneud ar fowld yn yr un ffordd yn union ag y cafodd cwrwgl Amwythig yng nghasgliad Amgueddfa Werin Cymru ei wneud. Gan nad oes unrhyw wybodaeth ar gael yn unman ynglŷn â sut y cafodd cwrwgl afon Dwyryd ei wneud, mae erthygl ar sut y cafodd yr atgynhyrchiad ei wneud yn werthfawr iawn. Mae wedi'i gynhyrchu'n llawn yn Atodiad A.

Conwy

Roedd James Hornell, pan wnaeth arolwg ar gwryglau yn nhri degau'r ugeinfed ganrif, o'r farn nad oedd unrhyw un yn gwybod am gwryglau ar afon Conwy ac roedd y rhai a ddefnyddid ar yr adeg honno wedi cael eu 'imported, two at least from Llechryd on the Teifi'. Roedd Hornell yn anghywir yn ei dybiaeth, oherwydd roedd cwryglau'n cael eu defnyddio'n helaeth ar yr afon, hyd at 1914 o leiaf, ac roedd y cwryglau hynny yn eithaf gwahanol i'r rhai a ddefnyddid ar afonydd eraill gogledd Cymru. Yn 1887 er enghraifft, roedd gan John Jones, Tan rallt, Betws-y-coed, drwydded i ddefnyddio trap fasged ar afon Lledr ac arweiniodd hynny at achos cyfreithiol yn y flwyddyn honno. Roedd ganddo hefyd drwydded i ddefnyddio cwrwgl i bysgota am eogiaid ar afon Lledr yn ogystal ag afon Conwy. Mae ei gwrwgl bellach yn Amgueddfa Werin Cymru, Sain Ffagan.

Does dim amheuaeth bod cwryglau yn cael eu defnyddio mewn niferoedd mawr ar afon Conwy, o leiaf o'r unfed ganrif ar bymtheg ymlaen, ac mae Michael Faraday yn nodi ar ôl ymweld â'r ardal yn 1819: 'Here and there on the river we saw fishermen in their coracles: little

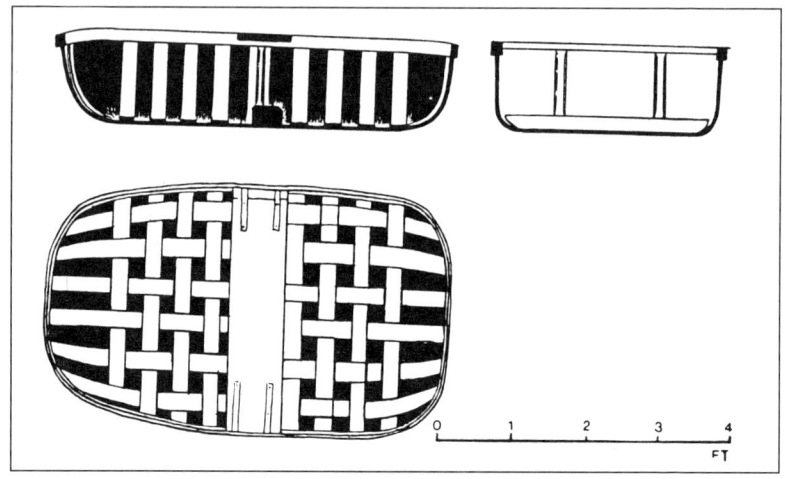

Cwrwgl Conwy

Cwrwgl Conwy

vessels something like a washing tub squeezed by a door into an oval form; a board is put across the middle in which two men sit, one each way and whilst one paddles the other casts the net'. Mae'n ymddangos, felly, bod cwryglau dau ddyn yn cael eu defnyddio ar afon Conwy fel ag yr oeddent ar rannau o afon Dyfrdwy gyfagos. Erbyn tua 1840 roedd y defnydd o gwryglau fel cychod pysgota ar afon Conwy wedi lleihau yn fawr iawn. Dywedodd tyst mewn tystiolaeth i'r Comisiynwyr ar Bysgodfeydd Eogiaid yn 1861 bod pysgota gyda chwrwgl yn ardal Llanrwst wedi dod i ben, a dywedodd, 'below Llanrwst, where the tide comes... they were only used where the men could not land their nets; they never used them below Trefriw... they fished about seven or eight miles above the tideway and a little lower down for sparlings'. Mae'n ymddangos bod pysgota gyda chwrwgl yn chwarter olaf y bedwaredd ganrif ar bymtheg a degawd cyntaf yr ugeinfed ganrif wedi'i gyfyngu i ardal Betws-y-coed, yn eithaf uchel i fyny'r afon o afael y llanw.

Mae cwrwgl afon Conwy, sydd bellach yn Amgueddfa Werin Cymru, yn anarferol oherwydd bod y fframwaith yn cynnwys darnau llydan, tair modfedd o goed onnen wedi'u hollti a'u plethu i ffurfio ffrâm gadarn. Mae chwe astell hir ac mae'r rhain wedi'u croesi gyda saith astell arall. Mae'r gynwal hefyd wedi'i gwneud o goed onnen a phob astell yn 2 fodfedd o led, a rhwng y ddau gylch hirgrwn sy'n ffurfio'r gynwal, mae pennau'r estyll hir a'r rhai croes wedi'u gosod a'u hoelio i'w lle. Ar y tu allan i'r gynwal, mae cylch hynod o debyg i'r hyn a ddefnyddir gan gowper i wneud casgenni, wedi'i hoelio wrth y coedyn. Uwchben y pumed astell groes mae darn mawr o goedyn wedi'i hoelio ac mae dau biler yn dal y sêt o goed ffawydd yn ei lle. Nid yw'r gofod o dan y sêt yn ffurfio bocs cario ar gyfer pysgod fel ag sydd mewn rhai cwryglau, ond defnyddid y pileri gan y pysgotwyr i gario'r cwryglau ar eu pennau; ac roedd y pysgotwyr yn gafael yn y pileri i'w cario. Mae gan gwrwgl afon Conwy, fel cwrwgl y Trallwng, strapen gario ac mae'r rhwyf wedi'i gwneud o ddarn hir o goed onnen heb ochrau trwchus i'r llafn a heb le ar y pen i afael ynddo. Mae'r llafn ei hun yn wastad ar y tu blaen ac wedi'i gylchu yn y cefn yn 22 modfedd o hyd ac yn uno'n raddol gyda phen crwn y rhwyf. Mae sêt ffawydd y cwrwgl, sy'n cael ei chynnal gan ddau biler pren, yn cael ei chryfhau yn ogystal gyda dau bâr o strapiau metel, wedi'u hoelio wrth y rhan uchaf ac wedi'u gosod rhwng dwy astell onnen y gynwal.

Dyma brif fesuriadau cwrwgl afon Conwy:
Hyd   66 mod
Uchder o'r gwaelod i'r sêt   14 mod
Lled mwyaf (wrth y sêt)   40 mod
Uchder o'r gwaelod (blaen)   15 mod
Lled (blaen)   38 mod
Uchder o'r gwaelod (cefn)   13½ mod
Lled (cefn)   38 mod
Dyfnder (wrth y sêt)   14 mod
Pwysau   35 pwys

Hafren

Cyfyngodd deddf leol Bwrdd Afonydd 1890 ar y defnydd o gwryglau ar afon Hafren. Pennwyd tynged rhwydo gyda chwryglau ar afon Hafren gyda deddf Pysgodfeydd Eogiaid a Dŵr Croyw 1923. Cyn 1923, heb amheuaeth, roedd mwy o gwryglau yn cael eu defnyddio ar afon Hafren nag ar unrhyw afon arall ym Mhrydain, a defnyddid cwryglau hyd at tua chwe deg milltir ar hyd yr afon rhwng y Trallwng yn Sir Drefaldwyn a Bewdley yn Sir Caerwrangon. Dyfalbarhawyd i bysgota tan 1939 ar ddarn o'r afon yn ymestyn am tua deng milltir ar hugain rhwng yr Amwythig ac Arley, ond nid yn swyddogol ar gyfer rhwydo eogiaid. Hyd at ei farwolaeth yn 2004, bu pysgotwr rhan amser gyda chwrwgl, Eustace Rogers, yn Ironbridge, Sir Amwythig, yn dilyn yr hen draddodiad a oedd wedi bod yn y teulu am dros dri chan mlynedd.

Yn wahanol i gwryglau gorllewin Cymru, nid oedd cwrwgl afon

Hafren erioed wedi'i ddefnyddio'n benodol ar gyfer rhwydo eogiaid ac roedd yn cael ei ddefnyddio 'for ferrying, angling, laying lines and the carriage of stone and brick sinkers required for the lines and of the large wicker traps employed in eel fishing'. Gan fod pontydd ar ochr Sir Amwythig o afon Hafren yn hynod o brin, roedd y cwrwgl yn cael ei ddefnyddio'n helaeth gan drigolion Glan Hafren fel ffordd hawdd o groesi'r afon. Mae cwrwgl Ironbridge felly yn llawer lletach ac yn haws ei drin nag unrhyw fath arall. 'As many as four people were ferried across the river on one occassion by an old man... The passengers stood around the paddler clutching his shoulders and each other'. Roedd cymaint o alw am gwryglau yn ardal Ironbridge ar ddechrau'r ugeinfed ganrif fel y sefydlwyd ysgol oedd yn dysgu egwyddorion trin cwryglau.

Pan ddefnyddid cwryglau ar afon Hafren roedd pedwar math amlwg ohonynt: 1) Cwrwgl Ironbridge; 2) Cwrwgl Amwythig; 3) Cwrwgl Y Trallwng a 4) Cwrwgl Bewdley.

Mae cwrwgl Ironbridge, fel y'i gwnaed gan y diweddar Harry Rogers hyd at ei farwolaeth yn nechrau chwe degau'r ugeinfed ganrif, yn gwch hirgrwn ar siap bowlen, tua 57 modfedd o hyd a 36 modfedd o led. Mae'r gynwal bron yn llorweddol, yn 14 modfedd uwchlaw'r ddaear ac mae'r sêt fel arfer yn 9 modfedd o led. Nid yw'r cwrwgl yn pwyso mwy na 27 pwys ac mae'r fframwaith yn cynnwys deg astell hir a naw astell ar draws wedi'u gwneud o goed sblint, pob un yn $1\frac{1}{2}$ modfedd o led ac wedi'u gwneud o goed onnen wedi'u llifio. Mae sblintiau lletraws byr yn cael eu gosod yn y pedair ochr bellaf o'r ffrâm, er mwyn rhoi mwy o gryfder i'r ffrâm, ond 20 modfedd yn unig o hyd yw'r darnau lletraws hyn ac nid ydynt yn rhedeg ar hyd y ffrâm i gyd. Mae'r gynwal yn cynnwys dau hanner cylch, yn mynd un dros y llall ac wedi'u plethu ynghyd ar y pen i ffurfio siap hirgrwn.

Mae Hornell yn disgrifio'r dull o wneud cwrwgl Ironbridge fel a ganlyn:

'The laths or "splints" are bought ready sawn to the proper thickness; they average 8 feet in length. Those for the frames are a fraction under $\frac{1}{2}$ inch thick, while those for the gunwale hoops are slightly over this thickness. Before use the laths are soaked with hot water to make them supple. When ready, those that are to run fore-and-aft are laid down upon wooden flooring or some sort of wooden platform such as an old door and spaced apart at regular intervals; this done, the transverse laths are interlaced and then, to keep them in place, the laths at the four corners are tacked down to the flooring or platform.

'Prior to this an oval hoop formed of two half-hoops, overlapped and spliced together at the ends, has been prepared of the size and form to be

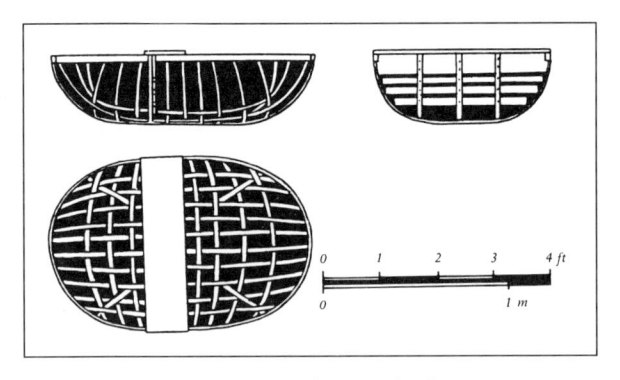

Cwrwgl Hafren: Ironbridge

taken by the gunwale. The ends of all the laths, hitherto lying prone on the flooring, are now bent upwards and tacked but not clenched to the outer side of the oval hoop, at a height of about 14 inches from the ground. After this, strings are passed in various directions across the hoop and between the upstanding ends of the bent-up laths, in order to bring them to the proper curvature. These strings prevent the laths from springing out of curve but do not hinder some of them from being pulled inwards, so it becomes necessary to run "stays" outwards from their ends to the plank floor to obviate this. These outer stays are particularly required at the corners, which are the most difficult parts of the frame to shape correctly. In this condition and under constant adjustment of the controlling strings, the framework is left for several days for the bends to become set in position. At the end of this time, an outer and permanent hooping - the so-called "skeleton hoop" - is put on; the first or temporary one being removed thereafter. The projecting ends of the ribs are next cut off level with the top edge of the skeleton hoop. This done, the frame is set free from the tacks holding it to the flooring and turned bottom up in order that the laths may be tarred on their outer side. The framework is also ready to be covered with its "hide" of unbleached calico. As bought, this is 1 yard wide, so two widths are overlapped 3 or 4 inches and sewn together. This seam runs down the centre line of the bottom. When adjusted in position the free margins are turned over the edge of the skeleton hoop and tacked on at short intervals: any excess is trimmed away.

'At this stage the bulkhead, which is to furnish the median support of the seat, is put in. This done, pitch and tar, roughly in the proportion of 1 quart of tar to 2 lbs of pitch, are boiled together and a coating of the mixture applied over the outside of the cover.

'The following day the two remaining gunwale hoops are added, one on the inner side of the rib ends, the other on the outer side of the skeleton hoop but separated from it by the fabric of the cover. To do this four half-hoops are made by bending laths to the shape required. A cord adjusted between the two ends of each half-hoop keeps them in shape till set. Before, however, fitting the inner hoop, two short strengthening bars are fitted at each corner of the frame, as these places are weak owing to the frame ends diverging here rather widely. The stern half of the inner hoop is put in place first, four iron screw-clamps or "dogs" being used to hold it in position while being nailed to the skeleton hoop by 1 inch paris points. In the same way one of the outer stern hoops are put on, one within the frame ends, the other outside the calico cover. Care is taken to allow sufficient overlap at the junction of each set of half-hoops.

'All that remains to be done is to fit the seat in position. This is laid athwart the coracle a little abaft the centre; its ends rest on the gunwale at each side, and each end is secured thereto by three angle ties of iron, $1\frac{1}{2}$ inches long, each srewed in place, the outer ones with one screw through each arm, the middle one with two screws, as these screw into the bulkhead bar, whereas the others screw into the hoops of the gunwale. The seat is further secured by screws or by nails passing through it into the heads of the three bulkhead pillars. Two slots are cut in the seat, each about 8 inches from either end, for the carrying strap of leather, and a thin leather thong-loop is put around the centre seat prop; through this loop the head of the paddle is passed on the foreside when the coracle has to be carried, thereby relieving the pressure upon the chest. As a final touch some owners paint the outer gunwale hoop and the inner faces of the lath frames'.

Mae'r rhwyf a ddefnyddir yn Ironbridge yn hynod o debyg i siap rhaw, gyda llafn 16 modfedd o hyd a 7 modfedd o led â phen sylindrig wedi'i sgriwio ynddi. Mae lle i afael ar ben y rhwyf sydd yn mesur 4 modfedd o hyd ac mae ar ongl sgwâr i ben y rhwyf. Mae'r rhwyf ar ei hyd yn mesur 40 modfedd. Roedd rhwyf dipyn yn hŷn, a ddefnyddid yn y bedwaredd ganrif ar bymtheg, mewn un darn. Yn ôl Hornell, 'The blade is elegantly tapered from the broad distal end upwards to its juntion with the loom, which is circular in section. The crutch or grip is a bluntly rounded expansion of the head of the loom. Length 5 feet; blade 30 inches long by 6 inches at the outer end; loom $3\frac{1}{2}$ inches in circumference; crutch 3 inches long. Locally the loom is termed the "stale", while the crutch is the "casp"'.

Dyma brif fesuriadau'r cwrwgl a wnaed gan Harry Rogers o Ironbridge yn 1955 sydd ar hyn o bryd yn Amgueddfa Werin Lloegr ym

Mhrifysgol Reading;

Hyd	57 mod
Uchder y gynwal	14 mod
Lled	43 mod
Lled y sêt	11 mod

Defnyddid cwryglau ar afon Hafren yn Amwythig tan 1939 ac roeddent yn cael eu defnyddio'n bennaf gan bysgotwyr gyda genwair ar yr adeg honno. Mae Hornell yn nodi bod rhai o'r cwryglau a welodd yn cael eu defnyddio yn nhri degau'r ugeinfed ganrif wedi'u gwneud ar fowld pren, cymhleth ac adeiladwyd y fframwaith o gwmpas hwn. Fodd bynnag, er bod y mowld wedi'i ddefnyddio gan adeiladwr cychod Amwythig o tua 1880, chwe chwrwgl yn unig a adeiladwyd arno ac roedd techneg yr adeiladwaith a fabwysiadwyd gan wneuthurwyr cwryglau'r dref, yn debyg i rai Ironbridge.

Mae cwrwgl Amwythig yn llai hirgrwn o ran siap na math Ironbridge ac fel cwryglau afonydd Gwy a Thywi, mae ganddo fwa llydan, amlwg ac mae cefn y cwrwgl yn fwy pigfain. Mae'r fframwaith yn gwyro tuag i mewn yn amlwg i gyfeiriad y gynwal, ac mae blaen a chefn y cwrwgl yn cael eu gwahanu gyda phedwar postyn wedi'u croesi ar onglau sgwar gyda phum astell o goed onnen. Mae'r estyll hyn yr un lled a thrwch â'r rhai a ddefnyddiwyd ar gyfer y fframwaith a gynwal y cwrwgl. Mae'r gynwal ei hun yn cynnwys tri thrwch o estyll wedi'u hoelio wrth ei gilydd i wneud fframwaith cadarn. Caiff cylch hanner crwn ei dacio o gwmpas astell y gynwal er mwyn cryfhau'r fframwaith. Mae wyth hyd o sblint onnen wedi'u llifio, pob un yn 1½ modfedd o led a ½ modfedd o drwch yn ffurfio croen y fframwaith. Uwch eu pennau ond heb eu croesi mae wyth astell arall ar onglau sgwâr i'r estyll sydd ar eu hyd. Pan mae'r estyll yn croesi, gosodir hoelen trwyddynt ac yn eu tro caiff pob astell ei hoelio rhwng sblints y gynwal. Mae pâr o goed lletraws, sy'n croesi'n union o flaen y sêt, yn rhedeg ar hyd y cwrwgl, ond unwaith eto gorffwys yn unig ar y ffrâm y mae'r rhain ac wedi'u tacio iddi yn hytrach na'u plethu. Heb unrhyw amheuaeth, pan ddefnyddir coed onnen wedi'u llifio, byddai perygl i'r coed gracio pe byddai'r darnau tenau o goed yn cael eu plethu. Caiff rhan flaen y cwrwgl ei chryfhau gyda thri darn croes byr, wedi'u tacio i'r ffrâm i'w gryfhau lle byddai'r pysgotwr yn rhoi ei draed.

Dyma fesuriadau esiampl o gwrwgl Amwythig o ddiwedd y bedwaredd ganrif ar bymtheg sydd yn Amgueddfa Werin Cymru:

Cwrwgl Hafren: Yr Amwythig

Hyd	58 mod
Lled (wrth y sêt)	33 mod
Dyfnder (wrth y sêt)	13 ½ mod
Lled y sêt	8 ½ mod
Uchder y gynwal (cefn)	10 ½ mod
Uchder y gynwal (wrth y sêt)	15 mod
Uchder y gynwal (blaen)	16 mod
Pwysau	31 pwys

Roedd cwryglau ardal Amwythig yn debyg iawn i gwryglau afonydd Gwy ac Wysg o ran siap a chynllun. Gwaharddwyd rhwydo eogiaid ar ran uchaf afon Hafren mor gynnar â 1890 a defnyddiwyd cwryglau yn ardal Amwythig nes iddynt ddiflannu'n gyfan gwbl yn nhri degau'r ugeinfed ganrif ac yn eu lle daeth gweithgarwch fel casglu hwyaid ar ôl eu saethu a physgota gyda genwair. Cyn 1934 defnyddid cwryglau yn ogystal i osod leiniau gyda'r nos ond, yn dilyn deddfwriaeth ar yr adeg honno, roedd gosod leiniau gyda'r nos, fel rhwydo eogiaid, yn anghyfreithlon.

Mae Hornell yn disgrifio'r dull o adeiladu cwrwgl Amwythig fel a ganlyn:

'The materials required to construct the framework consists of seven ash slats [laths] 7 feet in length and eight others of 5$^1\!/_2$ feet length; all must be "rent" or cleaved by hand with a hoop shaver to a width of from 1⅛ to 1$^1\!/_2$ inches by $^1\!/_2$ inches thick; also four more carefully fashioned slats for the gunwale. These obtained, three of the longer ones are laid down upon an old door... the outer ones at 2 feet 7 inches apart toward one end and 2 feet 4 inches toward the other. Two short slats are laid transversely across these, 3 feet apart... and the points of intersection secured temporarily in position by being tacked through to the door beneath. The remaining four longitudinal slats are next laid down, and then the rest of the cross slats, six in number, are laced in and out of the seven longitudinal ones at about equal distances apart. This gives an open basketry with rectangular meshes about 6 inches along each side.

'Having the four corner points tacked down to the door flooring below, the ends of two of the median longitudinal slats, after softening with hot water, are bent upward and nailed to the outer side of an ovate gunwale frame. A couple of the cross-slats are similarly treated. With these guide frames in position the rest are easily worked into their respective places.

'The inner gunwale band referred to is made up of two lengths of wide ash slats about 1$^1\!/_2$ inches wide, each bent into an oval form and joined to its fellow by an overlapped joint. The two oval bands differ markedly in radial curve.

'To stiffen each of the four corners of the frame, a short length of slat is placed diagonally between the gunwale and the second slat crossing from front and side; each is 23 inches long. Other strengthening pieces are four accessory "foot" battens, each 3 feet long, placed alternately with the first five transverse frames and nailed over them. When all the framing is in position, the seat is put on. This is a board 8 inches wide, 2 feet 10 inches long at the fore-side and 2 feet 8 inches along the afterside. Each end rests upon the edge of the gunwale band and is screwed to a short batten nailed against its inner face at the place where the ends of the two sections overlap. To hold the bottom stiff, the seat is supported at one-third its length from each end by a stout cylindrical rod about 16 inches in length; its lower end rests upon one of the bottom slats.

'At this stage the frame is set free from the holding down nails and is turned bottom up, to have its cover of stout calico put on. This done, a coat of pitch and tar is applied both to the inner and outer surfaces. Last of all an outer gunwale slat band is nailed to the outer side of the frame ends which are thus enclosed between an outer and an inner gunwale band'.

Mae gan rwyf goed onnen cwrwgl Amwythig lafn hir, cul, heb ochrau

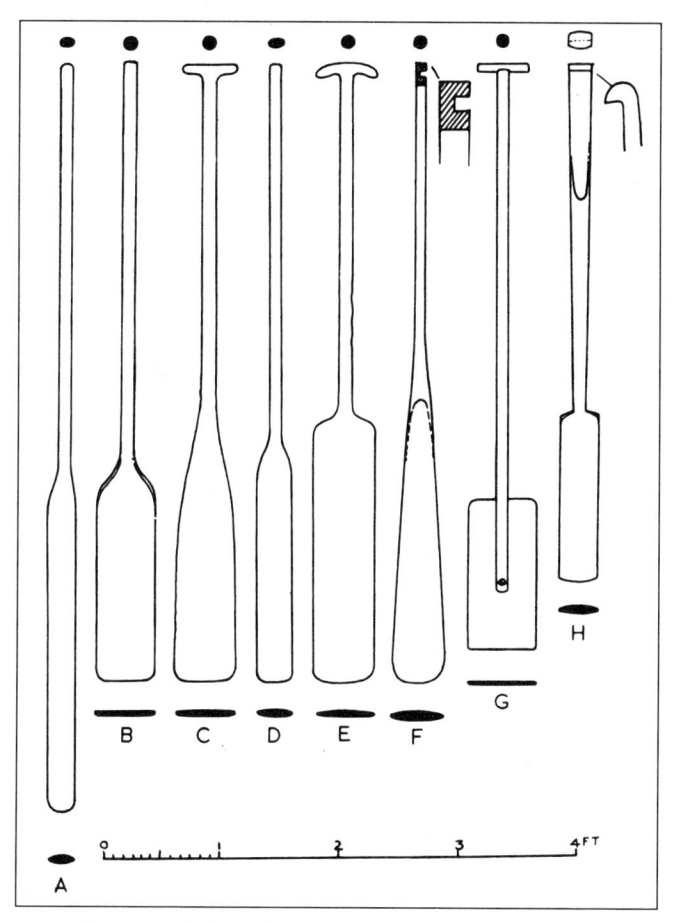

Mathau o rwyfau cwrwgl: A Tywi; B Gwy ac Wysg; C Hafren (Ironbridge); D Taf; E Hafren (Yr Amwythig); F Dyfrdwy (Bangor); G Hafren (Ironbridge heddiw); H Teifi

amlwg ac mae'n 51 modfedd o hyd. Mae un ochr y llafn yn wastad ac mae'r llall yn amgrwn ac nid oes dim i afael ynddo ar ben y rhwyf. Nid oes strapen gario ar gwrwgl Amwythig ac ar gyfer ei gario 'caiff y cwrwgl ei gario gyda'r ddwy law a'r gwaelod tuag i fyny; gyda'r wyneb i waered mae'r rhan wastad y sêt yn gorffwys ar yr ysgwydd chwith; yna gosodir y rhwyf ar draws yr ysgwydd dde a'r llafn o dan y sêt er mwyn ysgwyddo peth o'r pwysau. Yn ystod y cyfnod pan ddefnyddid hyn, byddai'r rhwyd yn cael ei chario ar ben gwaelod y cwrwgl a hwnnw â'i wyneb i waered'. Mae'n debyg bod y ffordd lorweddol o gario cwryglau, heb ddefnyddio strapiau cario, wedi'i gyfyngu i ran uchaf afon Hafren

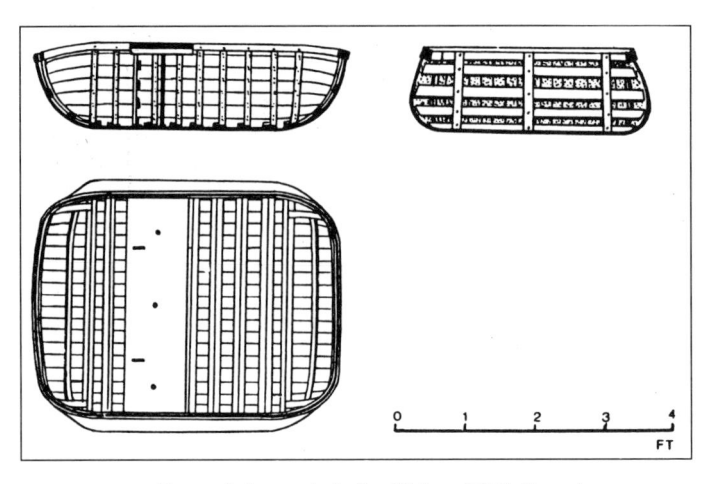

Cwrwgl rhan uchaf afon Hafren (Y Trallwng)

uwchlaw Amwythig, afon Conwy a dyfroedd uchaf afon Dyfrdwy. Yn yr holl ardaloedd eraill, roedd strapiau cario lledr neu wiail ar gael yn y cwryglau.

Roedd mesuriadau cwrwgl Amwythig a fesurwyd gan Hornell fel a ganlyn:

Hyd o un pen i'r llall	58 ½ mod
Dyfnder (blaen)	16 mod
Lled mwyaf	36 mod
Dyfnder (cefn)	13 ½ mod

Disgrifiodd pysgotwr o Leighton Bridge, oedd yn 78 mlwydd oed pan gafodd ei recordio yn nhri degau cynnar yr ugeinfed ganrif gan Stanley Davies, y dull o adeiladu cwrwgl fel a ganlyn:

'This type of coracle has no sheer; if any sheer were given to the fore-end it would be difficult to pull in a salmon out of the net. It is 4 feet 9 inches long, by 3 feet 3 inches wide, and 18 inches deep at the seat. The pointed end is the stern and is called the back. The bow is called the fore-end. The centre of the seat is 2 feet away from the back. The user sits facing the fore-end. The frame is made of ash, riven by hand with a hoop shaver (a cooper's tool). The slats are 1½ inches thick by ½ inch thick. The interwoven framework is made of 7 slats lengthways and 8 slats broadways, with a short slat added in each corner.

'The coracle is made as follows: An old door is placed on the ground. The slats are laid on and interwoven, and each nailed down in two places to the door. Only slats which have been riven can be interwoven. If the more modern method of using sawn laths is adopted the laths must be nailed together with copper nails. The ends of the slats are then softened with hot water, and bent up to meet the inside rim of the gunwale. The slats are then nailed to the gunwale. The nails should be flat-headed clog nails, as they are soft enough to be clinched, but they are difficult to obtain. The gunwale is of ash, and is 13 feet 4 inches long. Owing to the difficulty of obtaining such a long length it can be in two pieces which meet under the seat. In addition four slats are laid on the bottom of the coracle to take the pressure of the user's feet. There are also two round pieces of timber one inch in diameter one end of which is screwed to the underside of the seat and the other end to the bottom of the coracle to distribute the weight of the seat. The frame is then covered with calico and waterproofed inside and out with a mixture of 2 lb pitch and 1 lb of tar. The outer rim of the gunwale is then nailed on. Two short strips are nailed to gunwale to help to support the seat. The seat is 8 inches wide and is fixed last of all. Alongside the left hand side of the seat is kept the "priest", a stout oak stick about a foot long used for stunning the salmon. It is hung just below the gunwale in two loops of leather.

'The paddle 4 feet 3 inches long, has the edges of one side of the blade champhered, and this side must be kept "next to the water", which you are drawing towards you; otherwise you will find yourself out of the coracle and in the water. There are two ways of using the paddle. One is to pull the coracle through the water by placing the paddle in the water in front of you, and using both hands, working the paddle in a figure eight, keeping the champhered side of the blade towards you, "next to the water" which you are drawing towards you. When netting you place the paddle in the water on the right hand side of the coracle, and tuck your arm round it, with the top of the shaft resting on your forearm, and your fingers over and equally divided each side of the shaft. The left hand is then free to handle the net line.

'I prefer to carry the coracle horizontally and inverted, lifting it up and letting the flat of the seat rest on the left shoulder; then I place the paddle on my right shoulder, and let the blade fit under the seat to take part of the weight. The net is thrown over the top (really the inverted bottom) of the coracle, which avoids the user getting wet from the net. If you carry the coracle on your back by means of a strap looped to the seat, the wind is liable to fill the coracle and blow you off your feet.

'Materials used to construct a Severn Coracle.

Ash:
- 7 Lengthway slats, 7 feet 0 inches
- 8 Broadway slats, 5 feet 0 inches
- 4 corner pieces, 2 feet 0 inches (all 1½ inches x ½ inch)
- 4 Pieces under feet, 2 feet 0 inches
- 4 Pieces for gunwale, 7 feet 0 inches x 1½ inches x ½ inch
- 2 Seat struts, 1 foot 6 inches x 1½ inches

Deal:
- Seat, 3 feet 6 inches x 8 inches x ½ inch, planed, self edge
- 2 Seat supports, 8 inches x 1½ inches x ½ inch

Oak:
- "Priest", 12 inches x 2 inches diameter

Ash Paddle:
- 4 feet 3 inches x 4½ inches x 1 inch

'To complete the coracle, the following materials are required – calico, pitch, tar, leather loops, copper nails, iron clog nails.

'In transit a hole can be stopped by a clay clod, taken from the river bank and held in place with the foot. Large holes were repaired with patches of calico painted over with hot pitch. Small holes were repaired with hot pitch, but now it is more convenient to warm a stick of gutta-percha with a match and apply it to the hole. Constant painting and repairing steadily increases the weight of the coracle'.

Nid yw Bewdley bellach yn gallu honni ei bod yn dref cwryglau ond roeddent yn cael eu defnyddio'n helaeth yma ar un adeg. Yn wir, nes i'r bont gyntaf gael ei hadeiladu yn y bymthegfed ganrif, byddent wedi cael eu defnyddio i groesi o un lan i'r llall. Yr unig ffordd arall fyddai croesi'r rhyd yn Lax Lane.

Roedd cynllun y cychod hynafol hyn yn amrywio o le i le ar hyd y dyfroedd. Roedd cychod Bewdley yn wahanol i gychod Ironbridge neu'r Amwythig, o ran eu siap a'r deunydd adeiladu. Roedd cwryglau lleol yn hirgrwn o ran siap ac wedi'u gwneud o goed derw o goedwig Wyre, ac yn mesur 4 troedfedd 9 modfedd wrth 3 troedfedd 7 modfedd.

Yn wreiddiol gorchuddiwyd nhw â chroen ond yn ddiweddarach rhoddwyd defnydd hwylio â phyg drosto yn ei le. Roeddent yn cael eu gyrru gan rwyf sengl yn cael ei dal o dan un fraich a'i defnyddio gyda symudiad cylchog anarferol. Roedd hyn yn gadael y fraich arall yn rhydd i drin y rhwydi a'r leiniau, gan fod y cychod hyn yn cael eu defnyddio i

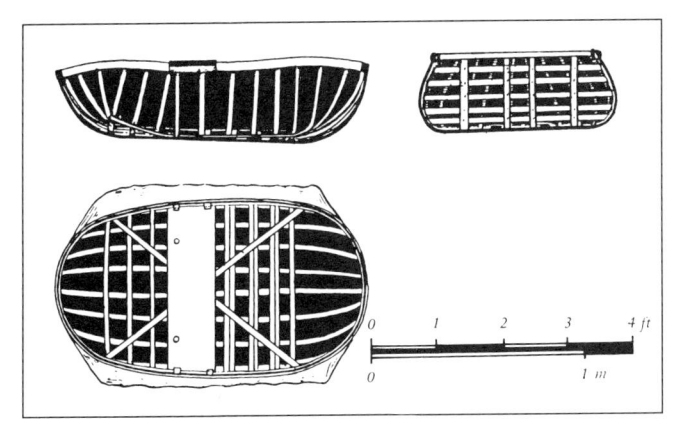

Cwrwgl rhan isaf afon Hafren (Yr Amwythig)

bysgota, rhwydo a dal llysywod.

Fel arfer byddai cwryglwyr yn gweithio mewn parau, gan ddal rhwydi wedi'u hymestyn rhyngddynt ar draws yr afon. Roedd y mwyafrif ohonynt yn botswyr, yn ddynion drwg ac yn aml yn dreisgar, gan ddod yn aml i wrthdaro gyda'r heddlu. Mae llawer o hanesion arswydus a digrif yn cael eu hadrodd am y cymeriadau hyn yn nyffryn afon Hafren.

Roedd y cwrwgl yn cael ei ddefnyddio ar adegau mewn ffordd afiach i gael gwared â babanod nad oedd eu heisiau. Roeddent yn cael eu rhoi mewn cwch ym Mhont Bewdley i fynd gyda llif yr afon. Byddent yn cael eu hachub yn Redstone Rocks gan y meudwyaid a oedd yn byw yno. Byddai'r plant yn cael eu magu yn y 'gymuned' o dan yr enw 'Hafren'. Yn ffodus daeth yr arfer hwn i ben amser maith yn ôl.

Yn draddodiadol roedd gwneud cwryglau yn Bewdley wedi'i gyfyngu i ychydig o deuluoedd, ac yn gyfrinach oedd yn cael ei chelu rhag pawb. Y dyddiad diwethaf i gael ei gofnodi pan gafodd cwrwgl ei wneud yma oedd 1908. Er iddynt gael eu defnyddio am rai blynyddoedd wedi hynny, maent wedi diflannu'n llwyr erbyn hyn.

Er bod defnyddio'r cwrwgl fel cwch bysgota yn yr ugeinfed ganrif wedi'i gyfyngu i ychydig o afonydd, roeddent yn cael eu defnyddio'n llawer mwy cyffredin yn y bedwaredd ganrif ar bymtheg. Yn ne Cymru, er enghraifft, defnyddid cwryglau siap powlen, bron yn sgwâr ar afon Llwchwr ym Mhontarddulais, afon sydd wedi cael ei llygru'n ofnadwy yn ystod chwarter olaf yr ugeinfed ganrif.

Roedd afon Llwchwr yn afon arbennig o dda am eog a sewin ar ddiwedd y ddeunawfed ganrif a dechrau'r bedwaredd ganrif ar bymtheg, yn ôl Donovan wrth iddo ddisgrifio marchnad Abertawe. 'Half a dozen females seated upon the panniers of their ponies... rode hastily down the market place with a supply of sewin... conveyed from Pontarddulais, about ten miles to the westward... abounding with fish during the summer, being caught in the coracle fisheries by peasantry'.

Roedd hyd yn oed afon Taf, oedd wedi'i llygru yn ofnadwy, yn rhoi gwaith i rai cwryglwyr yn ystod hanner cyntaf y bedwaredd ganrif ar bymtheg ac roedd Donovan yn ystod ei ymweliad yn 1805 yn llawn edmygedd o'r ddalfa enfawr o sewin a ddaliwyd yn afon Taf, lle mae Stadiwm y Mileniwm yn awr.

Roedd afon Dyfi yng nghanolbarth Cymru, afon arall a lygrwyd yn ofnadwy gan ddylifiad o'r gweithfeydd plwm, yn afon lle'r oedd dynion yn pysgota gyda chwrwgl. Yn 1800 disgrifiodd Bingley gwryglau oedd rhwng '5 feet to 6 feet long and 3 feet and 4 feet broad, of an oval shape, so light that one man may with ease carry them on his shoulder'. Erbyn 1861 roedd rhwydo gyda chwrwgl, oherwydd y llygru a dylanwad Asiantaeth Pysgodfeydd Afon Dyfi, wedi dod i ben, a chyhoeddwyd bod y 24 o gwryglau oedd yn pysgota ar yr afon yn anghyfreithlon, er bod 'llawer iawn o bysgota gyda chwrwgl' ychydig o flynyddoedd cyn hynny.

Cwryglau ar Afon Llwchwr, ger hen eglwys Llandeilo

Agoriad Amgueddfa Cenarth

Achlysur dan nawdd Cymdeithas y Cwrwgl yng Nghenarth, gyda'r awdur yn edmygu casgliad da o gwryglau afonydd Teme, Ironbridge, Spey a Theifi.

Atodiad A

Cymdeithas y Cwrwgl

Nodyn gan Peter Badge cyn gadeirydd cyntaf Cymdeithas y Cwrwgl a llywydd presennol y Gymdeithas.

Ar y cyntaf o Ragfyr, 1987, adroddwyd yn Y Times bod cwryglwyr afon Tywi yn barod i roi'r gorau i'w gweithgaredd dros nifer o ganrifoedd pe bai cynigion yn cael eu cyflwyno a fyddai'n dyblu eu ffioedd am drwyddedau rhwydi dros y ddwy flynedd ddilynol. Yn ffodus, ni ddaeth hyn i fod, ond roedd yn rhybudd amserol i nifer fach o bobl a deimlai'n gryf iawn y dylid diogelu'r rhan hanfodol hon o etifeddiaeth y genedl ,doed a ddel. O ganlyniad ffurfiwyd Cymdeithas y Cwrwgl ym Mehefin 1990. Ei swyddogion cyntaf oedd Llywydd: Dr J.Geraint Jenkins; Cadeirydd: Peter Badge; Ysgrifennydd Anrhydeddus: John Williams Davies a Thrysorydd Anrhydeddus: Jane Thomas. Ymunodd yr aelodau canlynol â nhw ar y pwyllgor, Peter Faulkner, y gwneuthurwr cwryglau Teme enwog, Charles Fogg, a gynhaliodd gyrsiau arloesol, llwyddiannus ar wneud cwryglau yn Amgueddfa Bewdley; Martin Fowler, Cyfarwyddwr Canolfan Gwryglau Cenedlaethol yng Nghenarth; Gerwyn Lewis Cyfarwyddwr Ymddiriedolaeth Greenwood yn Ironbridge a Jane Williams Thomas a ddangosodd ddiddordeb ar hyd ei hoes mewn cwryglau.

Ystyrid hi'n hanfodol bwysig bod y Gymdeithas yn derbyn cefnogaeth gwneuthurwyr cwryglau traddodiadol a'r rhai oedd yn eu defnyddio. Cytunodd y canlynol fod yn Is-Lywyddion am oes: John E. Davies (afon Hafren, Yr Amwythig), Ronald Davies (afon Teifi, Cenarth), Edgworth Evans (afon Taf), David Maybury (rhan uchaf afon Dyfrdwy, Llangollen),

Regata Cilgerran, 2005

Raymond Rees (afon Tywi), Eustace Rogers (afon Hafren, Ironbridge) a Bernard Thomas (afon Teifi, Llechryd).

O reidrwydd bu nifer o newidiadau dros y blynyddoedd. Y rhai sy'n gysylltiedig heddiw yw, Llywydd: Peter Badge; Cadeirydd: Peter Faulkner; Ysgrifennydd Anrhydeddus: Vivienne Faulkner; Trysorydd Anrhydeddus: Frank Jones; Archifydd Anrhydeddus : John Williams Davies; Ysgrifennydd aelodaeth: Brian Pearce; Swyddog Addysg: Conwy Richards; Aelodau'r Pwyllgor: Martin Fowler, David Gent, Terry Kenny, Jane Pearce a David Purvis. Yr un rhai yw'r Is-Lywyddion arwahan i Edgworth Evans ac Eustace Rogers sy'n anffodus wedi marw.

Yn ddiweddar dechreuwyd trafodaethau rhwng y Gymdeithas a Physgotwyr Traddodiadol gyda Rhwyd afonydd Teifi a Thywi gyda'r bwriad o dderbyn dau gynrychiolydd yr afonydd hyn yn aelodau o'r Gymdeithas. Mae hyn yn ddatblygiad i'w groesawu.

Mae tair prif amcan i'r Gymdeithas:

1. Cynorthwyo i gadw'r grefft draddodiadol o greu a defnyddio'r cwrwgl.
   Llwyddodd y Gymdeithas i gyflawni'r nod hwn drwy roi cyhoeddusrwydd i'r cwrwgl mewn regatas, arddangosfeydd a digwyddiadau led led gwledydd Prydain.

2. Adfer diddordeb mewn cwryglau mewn ardaloedd lle nad oeddent bellach yn cael eu defnyddio. Llwyddwyd i wneud hyn drwy gynnal y cyfarfod blynyddol ac arddangosfeydd mewn canolfannau fel Llangollen, Bewdley a'r Trallwng.

3. Hyrwyddo'r defnydd amser hamdden a wneir o gwryglau drwy wledydd Prydain. Ers sefydlu'r Gymdeithas bu cynnydd sylweddol yn y rhai sy'n berchen ar gwryglau ac yn eu defnyddio yn y modd hwn.

Yn olaf, rhaid tynnu sylw at ddigwyddiad annisgwyl ond sydd i'w groesawu'n fawr. Defnyddir cwryglau am y tro cyntaf erioed ar gyfer pysgota gyda rhwyd yn East Anglia, Swydd Essex a Swydd Lincoln gan wneuthurwyr cwryglau cymharol newydd.

Ceir gwybodaeth bellach am y Gymdeithas a chwryglau yn gyffredinol ar wefan y Swyddog Addysg: www.coracle-fishing.net.

Regata Cilgerran, 2005

Regata Cilgerran, 2005

Llyfryddiaeth ddethol

Bingles, W., *A Tour around Wales* [1800]
Coracle Society, *Newsletter* [Cyhoeddiad cyson gyda manylion gweithgareddau'r Gymdeithas; lluniau ac erthyglau. Am ddim i aelodau'r Gymdeithas.]
Cox, E., *Historical Tour through Monmouthshire* [1804]
Donovan, E., *Descriptive Excursion through South Wales and Monmouthshire* [1805]
Evans, J. Gwenogvryn (gol.), *White Book Y Mabinogi* [1907]
Gilbert, H. A., *The Tale of a Wye Fisherman* [1929]
Hughes Parry, I., *A Salmon Fisherman's Notebook* [1938]
Hawkins, J. Isaak Walton, *Compleat Angler* [1760]
Hornell, J., *British Coracles and Irish Curraghs* [1938]
Jenkins, J. Geraint, *Nets and Coracles* [1974]
Jenkins, J. Geraint, *The Coracle* [1988]
Jones, T., *Gerallt Gymro* [1938]
Lloyd, J. E. (gol.), *History of Carmarthenshire* [1939]
Malkin, B. H., *The Scenery Antiquities and Biography of South Wales Vol II* [1807]
Pennant, T., *Tours in Wales* [1810]
Phillips, J. R., *History of Cilgerran* [1867]
Royal Commission to Enquire into Salmon Fisheries[1861-1868]
Tomos, Dafydd, *Michael Faraday in Wales* [1972]
Twiston-Davies, L. a Avery, Edward, *Welsh Life in the Eighteenth Century* [1939]
Williams, D., *The Rebecca Riots* [1953]
Wyndham, H. P., *A Tour through Monmouthshire and Wales in 1774 and 1777* [1781]
Williams, S. J. a Powell, J. A., *Cyfreithiau Hywel Dda* [1942]

AMGUEDDFA WERIN CYMRU
Sain Ffagan, Caerdydd, CF5 6XB.
Ffôn: 02920 573500
lle ar y we: www.aocc.ac.uk

Mae casgliad da o gwryglau o wahanol afonydd Cymru yn Nhŷ'r Cychod ar lan un o'r pyllau yn yr Amgueddfa Werin yn Sain Ffagan. Yr awdur ei hun oedd yn gyfrifol am y casgliad yno.

CANOLFAN GENEDLAETHOL Y CWRWGL

Cenarth, Sir Gaerfyrddin, SA38 9JL.
Ffôn: 01239 710980/710507
e-bost: martin.cenarthmill@virgin.net
lle ar y we: www.coracle-centre.co.uk

Amgueddfa a gweithdy cwryglau o Gymru ac o bob rhan o'r byd wedi'i lleoli ar dir melin flawd o'r 17eg ganrif ar lan rhaeadrau prydferth Cenarth, sy'n enwog am ei Ysgol Eogiaid a'i phont 200 oed tros afon Teifi. Yn ogystal â chasgliad ardderchog o gwryglau, mae'r amgueddfa yn cofnodi hanes y grefft o gwrygla a'r technegau a'r arfau a ddefnyddir i'w creu. Yma hefyd mae adran ar offer a dulliau a arferid wrth yr hen grefft o botsian. Y tu ôl i'r felin mae llwybr natur a llwybr glan afon. Darperir ar gyfer bysiau; lluniaeth ysgafn a siop grefftau.

127

CYMDEITHAS Y CWRWGL
Llywydd: Syr Peter Badge; Llywydd Anrhydeddus: Dr J. Geraint Jenkins

Ffurfiwyd Cymdeithas y Cwrwgl ym Mehefin 1990 gan haneswyr y grefft, gwneuthurwyr cyryglau ac eraill oedd â diddordeb ysol mewn cwryglau. Nodwyd tair prif amcan i'r Gymdeithas:
1.   cynorthwyo i gadw'r grefft draddodiadol o greu a defnyddio'r cwrwgl. Llwyddodd y Gymdeithas i gyflawni'r nod hwn drwy roi cyhoeddusrwydd i'r cwrwgl mewn regatas, arddangosfeydd a digwyddiadau ledled gwledydd Prydain.
2.   i adfer diddordeb mewn cyryglau mewn ardaloedd lle nad oedd bellach yn cael ei ddefnyddio. Llwyddwyd i wneud hyn drwy gynnal y cyfarfod blynyddol ac arddangosfeydd mewn canolfannau fel Llangollen, Bewdley a'r Trallwng.
3.   i hyrwyddo'r defnydd amser hamdden a wneir o gwryglau drwy wledydd Prydain. Ers sefydlu'r Gymdeithas bu cynnydd sylweddol yn y rhai sy'n berchen ar gwryglau ac yn eu defnyddio yn y modd hwn.
Ceir gwybodaeth bellach am y Gymdeithas a chwryglau yn gyffredinol ar wefan y Swyddog Addysg: www.coracle-fishing.net

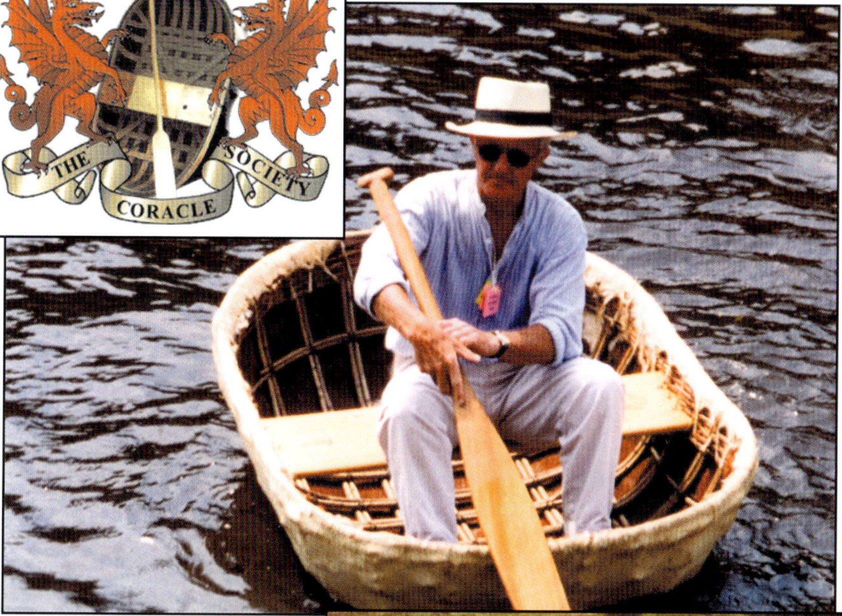

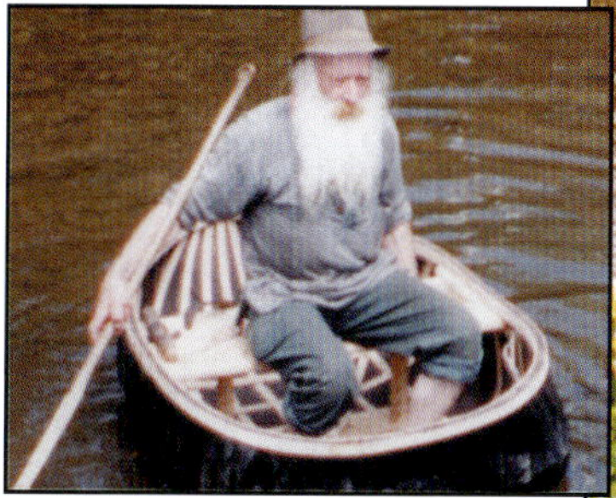

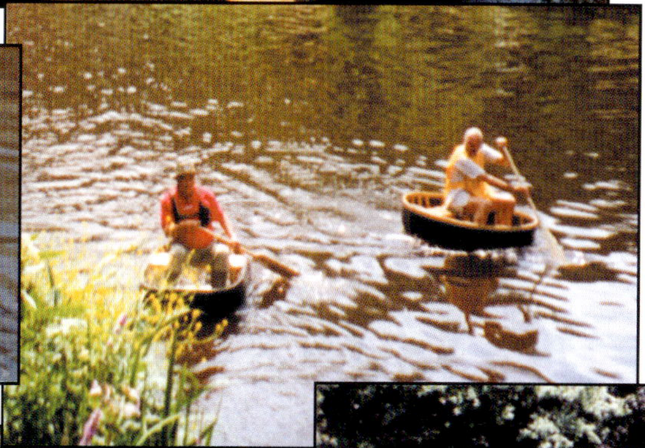

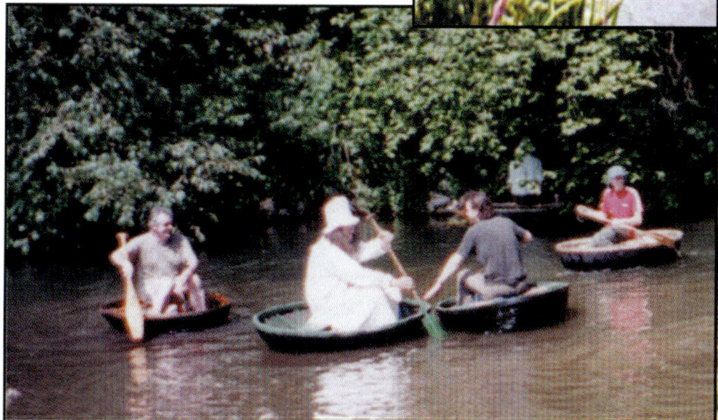

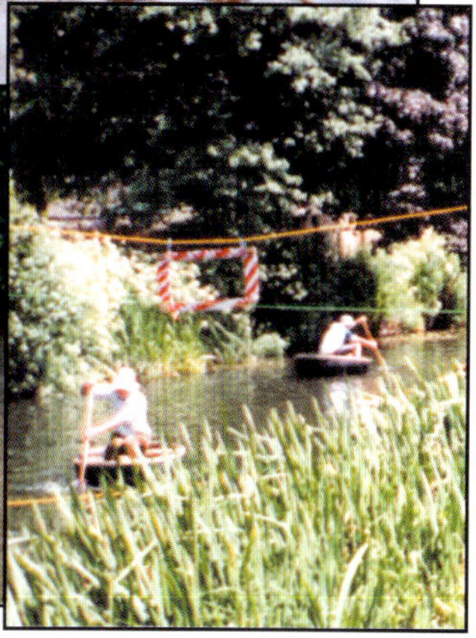

GWYLIAU CWRWGL YNG NGHYMRU

CENARTH

Rasys mis Gorffennaf ac fel arfer sbort ar yr afon ar Ŵyl San Steffan.

ANNUAL
BOXING DAY CORACLE RACE
FROM
CENARTH
TO
CARDIGAN
£50
£50
AT
11:00 a.m.
ON
26:12:80
Chief Steward and Starter
Judge
Presentation of Prizes and Refreshments.
The Three Horse Shoes.
3-00 p.m.

CILGERRAN

Regata ar y trydydd Sadwrn yn Awst.

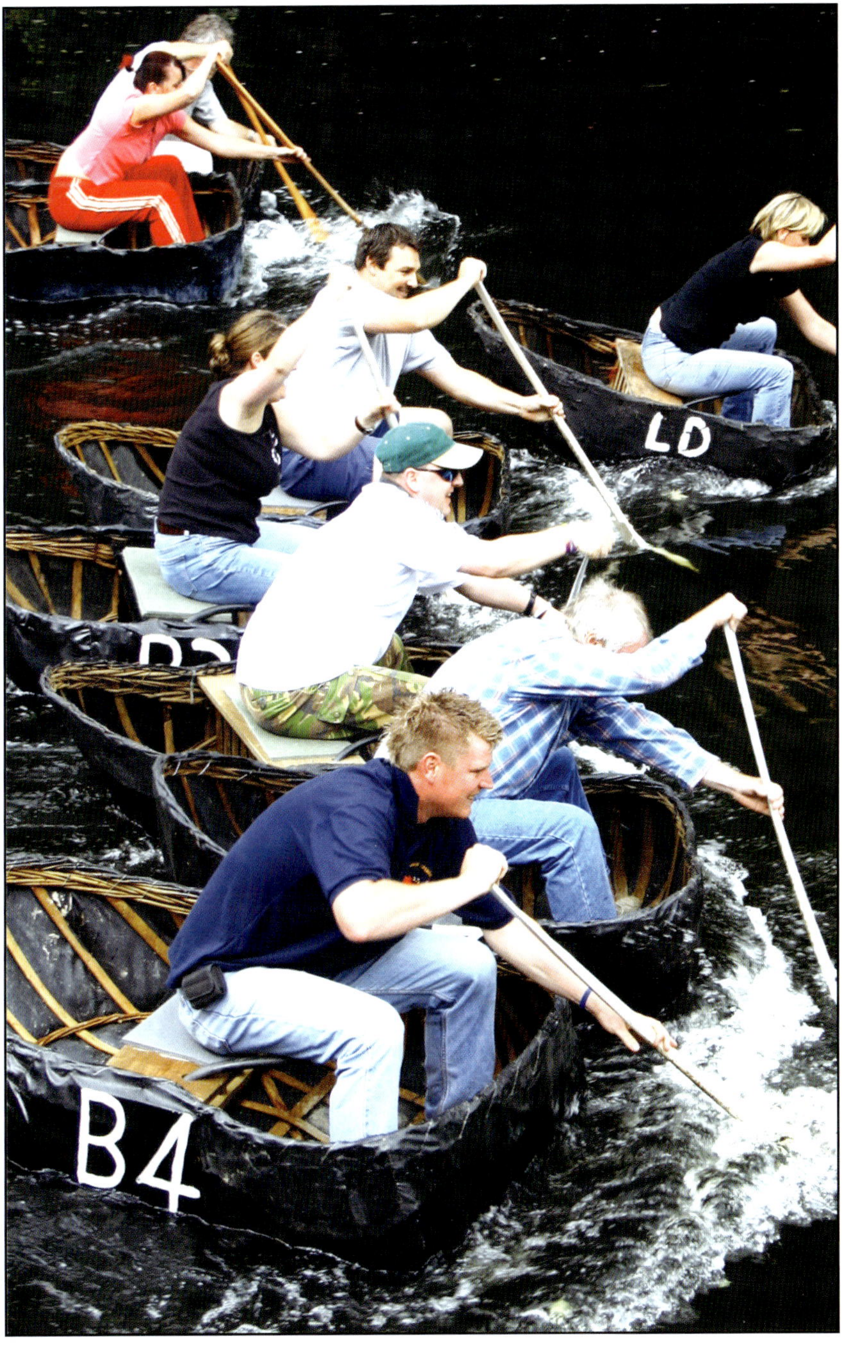
LD
B4

CAERFYRDDIN

Gŵyl yn ystod Mehefin.

RAYMOND REES A'I FAB
Cwryglwr a Gwerthwr Pysgod
Y Farchnad Gynnyrch, Caerfyrddin, Sir Gaerfyrddin, SA31 1QY.
Ffôn: 01267 234144 (adref: 234370)
e-bost: raymondrees@coracle.org.uk
lle ar y we: www.fishmand7@reesr.freeserve.co.uk

Hyfforddwyd Raymond yng nghrefft y cwryglwr gan ei dad-cu, William Elias. Dysgodd ef i fynd i'r lladd-dy lleol i gasglu cynffonau gwartheg, torri'r rhawn, cadw'r lliwiau ar wahân a'u golchi a'u cordeddu'n 'ffune', yn leiniau cynnal rhwyd. Y gamp oedd cael lliw gwahanol i bob 'ffun' fel bod modd i'r cwryglwr wahaniaethu rhwng y 'plwm-ffun' (lein bwysau), y 'llaw-ffun', y 'gor-ffun' (lein dal y cyrn i wneud i'r rhwyd nofio) a'r 'draill-ffun' (lein sy'n rhedeg gan gau 'pwrs' y rhwyd). Cadwodd Raymond hen gwrwgl a chreu mowld i greu cwryglau ffeibrglás arno – dyna a ddefnyddir amlaf yng Nghaerfyrddin mwyach. Mae un o gwryglau traddodiadol Raymond i'w weld yn ei stondin yn y farchnad gynnyrch yng nghanol y dref.

CLYFWCHWR CAERFYRDDIN

Pysgota'r nos yw'r arfer wrth bysgota o gwrwgl – rhaid wrth dywyllwch rhag i'r pysgod sylwi ar gysgod y cwch ar wyneb y dŵr. Yng Nghaerfyrddin, mae'r cwryglwyr i'w gweld yn y 'clyfwchwr' (llwydnos hyd benllanw) bum noson yr wythnos yn pysgota fesul pâr ar afon Tywi o'r 'Llyn Fach (yng nghanol y dref) at 'Bwll y Bont' (pont y rheilffordd) rhwng Mawrth a diwedd Gorffennaf. Pysgotir yn y 'clyfwchwr', hyd nes i'r llanw droi, gan fod rhaid pysgota i lawr yr afon pan fo'r pysgod yn nofio i fyny yn erbyn y cerrynt. Mae chwe phâr yn dal trwyddedau pysgota â chwryglau yng Nghaerfyrddin ar hyn o bryd.

O BONT LLECHRYD I'R MÔR

Daw llanw'r môr i fyny afon Teifi hyd at Bont Llechryd. Trwyddedir cwryglwyr lleol i bysgota yn ôl yr hen drefn o'r bont i lawr i'r môr. Yr enwocaf o gwryglwyr y rhan hon o'r afon yw Bernard Thomas, a groesodd y sianel o Dover i Calais mewn cwrwgl yn 1974. Isod, gwelir Bernard Thomas gyda'i bartner pysgota a'i nai, Malcolm Gaine.

OLD PRIORY GUEST HOUSE
Stryd y Priordy, Caerfyrddin, Sir Gaerfyrddin, SA31 1NE.
Ffôn: 01267 237471

Mae gan y gwesty bach cartrefol hwn i gyfeiriad Llandeilo o ganol y dref gornel yn y bar sydd wedi'i neilltuo'n gyfangwbl i dreftadaeth y cwrwgl yn y dref. Mae dau o gwryglau Raymond Rees i'w gweld yno a chasgliad ardderchog o luniau cwryglwyr Caerfyrddin, ddoe a heddiw, i'w hedmygu wrth fwynhau pryd à la carte yn y bwyty.

Coracle Fishing on the Towey, Carmarthen

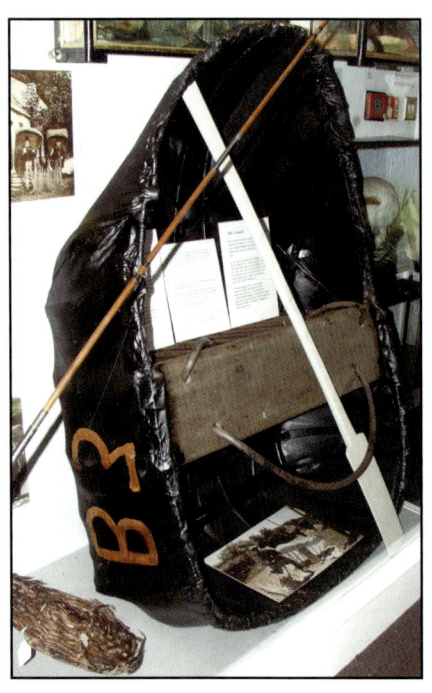

AMGUEDDFA CEREDIGION
*Coliseum, Ffordd y Môr,
Aberystwyth, Ceredigion.
Ffôn: 01970 633088*

Arddangosir un o gwryglau afon
Teifi a pheth offer pysgota.
Yn agored: Llun-Sadwrn,
10 y bore – 5 yr hwyr.
Mynediad am ddim.

PARC GWLEDIG SCOLTON
*Scolton, Hwlffordd,
Sir Benfro.
Ffôn: 01437 731457*

Arddangosir un o gwryglau afon Cleddau yn yr amgueddfa wledig yn y parc.